Choisir la prairie

UNE ALTERNATIVE NATURELLE ET DURABLE AU GAZON

Choisir la prairie

UNE ALTERNATIVE NATURELLE ET DURABLE AU GAZON

John Greenlee

Robert Portal et Maryse Tort

PHOTOGRAPHIES **Saxon Holt**

ROUERGUE

Le chapitre 2 a été réécrit par Robert Portal et Maryse Tort.

SOMMAIRE

PRÉFACE

POURQUOI CRÉER DES PRAIRIES ? Pour de nombreuses raisons. Plus satisfaisantes qu'une pelouse ou un massif traditionnel, les prairies associent les qualités des deux : elles combinent le caractère paisible de la pelouse sur laquelle on aime laisser reposer son regard avec la richesse et la complexité d'un massif. Contrairement aux pelouses, les prairies, offrant un habitat sûr aux insectes bénéfiques et aux pollinisateurs, sont favorables à l'environnement. Vivantes, animées, ondulant sous le vent et la lumière, elles rythment le paysage en créant une vie d'une grande diversité. Aucune pelouse ne peut produire un tel effet. De plus, bien conçues, les prairies demandent moins d'entretien et consomment sensiblement moins de ressources que les pelouses ou les massifs.

Ce fut mon premier jardin prairie. Une oasis au cœur de la ville, dans le sud de la Californie – on n'aurait jamais pu croire qu'il était environné de béton et de trois millions de personnes.

Le jardin de Kurt Bluemel, au bord d'un étang. Kurt fut une grande source d'inspiration pour moi – c'est vraiment lui qui lança le mouvement des graminées en Amérique.

J'espère que ce livre transmettra ma passion et convaincra les lecteurs de transformer leur propre jardin en prairie. Il m'est difficile de dire quand, exactement, j'ai pris conscience de mon amour pour les prairies ; mais ce que je sais, c'est qu'il est aujourd'hui plus fort que jamais. Depuis plus de vingt ans, en tant que pépiniériste, je cultive des graminées ; pourtant, c'est comme si mon histoire d'amour avec elles venait juste de commencer. Je dis « histoire d'amour » car, pour moi, une prairie ressemble à une maîtresse séduisante. Les graminées sont sensuelles. Vous pouvez les sentir et les entendre, les regarder bouger. Les prairies sont aussi étourdissantes que des amantes : elles ne cessent de changer, de surprendre. Mon amour pour les prairies est devenu le centre de mon existence. Aujourd'hui, je crée des prairies pour gagner ma vie.

Étant donné l'environnement où j'ai grandi – le plus stérile et le moins naturel qui soit – on peut se demander comment j'ai fini par devenir, à ce qu'on dit, le « Gourou des graminées » ! Nous vivions à Fullerton, en Californie (*Orange County*, dit aujourd'hui O.C.), dans un lotissement des années 1960 où toutes les maisons sont construites sur le même modèle. À cette époque, les promoteurs se souciaient d'édifier l'image du rêve américain. L'abattage des orangeraies ne leur semblait jamais assez rapide. Chaque maison en L avait en façade son bout de pelouse orné d'un arbre tout beau, tout neuf. C'était avant les « communautés planifiées », il y avait quelques parcs mais sans vraie nature, du moins aux yeux d'un enfant. Aucun arbre ne dépassait 2,40 m et aucune feuille ne prenait cette couleur automnale qu'imagine un lecteur de CE2. Vous vous souvenez du ruisseau sinueux de votre enfance ? Le nôtre était un raide collecteur d'eaux pluviales en béton. Nos cours d'eau naturels, pavés, étaient transformés en caniveaux.

À la lisière du lotissement, sur un lot non construit, se trouvait notre terrain de jeux favori, que nous avions baptisé « le champ » : là finissait la rue, et le caniveau qui se déversait devenait comme un cours d'eau naturel traversant une prairie de graminées saisonnières. Le champ était bordé par une rangée de vieux eucalyptus, brise-vent classiques en Californie, utilisés pour les plantations d'agrumes qui subsistaient. Grâce à eux, le champ semblait à mille lieues des nouvelles maisons qu'il cachait. Certains scientifiques disent que les humains ont tous le « Syndrome de la savane », qui nous viendrait de nos ancêtres africains et s'exprimerait aujourd'hui à l'égard des terrains herbeux. Quant à moi, je pense que notre amour des graminées commence dans l'enfance, quand on a soi-même la taille des graminées. Je me revois dans ce champ, allongé sur le dos, le regard fixé sur les nuages et hypnotisé par le balancement des graminées. Le vent bruissant dans les eucalyptus et murmurant dans les herbes chantait une chanson qui m'est restée en tête. En fin d'après-midi, les graminées gorgées de lumière rayonnaient. À la saison des pluies, nous en arrachions des touffes et nous nous les lancions. Dans ce champ, avec mes frères, nous jouions à cache-cache, faisions des jeux de piste, bâtissions des forts, et ces jeux dans les hautes herbes nous enchantaient littéralement. Je me souviens aussi des trilles indescriptibles des sturnelles des prés, que nous trouvions seulement là où poussaient des graminées. Les sturnelles font leurs nids sur le sol, dans l'herbe. Quand je tombais sur leurs œufs tachetés de bleu ciel, j'étais surpris : pourquoi étaient-ils là ? C'est dans ce champ, je crois, que la prairie m'est entrée dans la peau.

J'ai rencontré pour la première fois la « vraie » nature avec notre camp de scouts, au cours des étés passés dans les montagnes proches de San Bernardini. Ma randonnée favorite aboutissait à une prairie, près d'une forêt de pins de Jeffrey qui, les jours chauds, exhalaient un parfum de vanille ; je me revois assis là, caché dans la souche d'un vieil arbre, regardant les oiseaux-mouches se battre au-dessus des ancolies écarlates et des penstemons pourpres, éparpillés dans la prairie dorée. Je regardais leurs acrobaties jusqu'au moment de rentrer au camp.

À la fin de l'été, nous redescendions de la montagne vers les banlieues polluées. Pour gagner un peu d'argent, le samedi et après l'école, je tondais les pelouses et arrachais les mauvaises herbes dans les jardins des voisins. Je détestais les tondeuses et ne suis jamais parvenu à aimer les machines. J'aurais voulu vivre dans cette prairie de montagne, plutôt que dans cette nature si peu naturelle. La moitié des « mauvaises herbes » que j'arrachais me semblaient plus jolies que les jardins où elles poussaient.

Une œuvre fantasque de Simple. Cette porte mène à un jardin en contrebas, entouré de bambous, pour apporter de la fraîcheur et me protéger de la jungle bétonnée environnante.

J'étais dans ma dernière année de lycée quand on célébra le premier Jour de la Terre. Le mouvement écologique débutait, et ma jeune prise de conscience entra en conflit avec ma matière principale à l'Université de Pomona : l'horticulture ornementale. La plupart de mes amis se spécialisaient dans le gazon, mais le gazon et moi, ça n'a jamais collé. Les cours sur le gazon parlaient du contrôle de la nature, prônaient une approche chimique – comme si l'horticulture voyait dans la vie naturelle un danger dont il fallait se protéger. Or de mon point de vue, l'horticulture ouvrait au contraire sur le monde extraordinaire des plantes.

Souvenez-vous : là où j'ai grandi, près de Los Angeles, la Cuyahoga River pouvait prendre feu à cause des déchets dont elle était encombrée, tandis que la Los Angeles River était pavée. Aujourd'hui, la région de Los Angeles n'a plus grand-chose à voir avec l'écosystème d'autrefois. Une grande partie du sud de la Californie était à l'origine une savane parsemée de chênes. Les bateaux en mer pouvaient, disait-on, repérer le port de Los Angeles à 80 km, en voyant les champs de coquelicots d'Altadena flamboyer dans les terres. Les coquelicots poussent dans l'herbe. Los Angeles n'était alors qu'une graminée. Étudiant en horticulture, je commençai pour la première fois à comprendre l'écosystème urbain autour de moi et le monde du jardinage. Certes, les pelouses sont magnifiques ; mais que coûtent-elles à l'environnement ? L'amélioration de mon niveau de vie grâce à mon diplôme de chimie ne collait pas avec ma prise de conscience croissante du monde de la nature. Étudiant, je créais des pelouses pour des clients, mais en fait, je désirais remplir leurs jardins de plantes. Pourquoi aménager une ennuyeuse pelouse bordée d'arbustes sans imagination, lorsque vous pouviez fleurir un jardin et créer des espaces pleins d'oiseaux et de papillons ? Je commençai à me renseigner sur les plantes de toutes sortes – bulbes et vivaces, palmes et succulentes. À la fin de mes études, j'imaginais être un parfait horticulteur. Je croyais connaître mes plantes. Comme je m'en rendis compte assez vite, j'avais encore beaucoup à apprendre.

La révélation se produisit en 1984, dans la pépinière de Kurt Bluemel près de Baltimore, dans le Maryland. Là, pour la première fois, je vis dans une pépinière les plantes au milieu desquelles j'avais joué, dans le « Champ » : les graminées. J'eus le sentiment, alors, d'avoir été trompé par mes professeurs. D'où venaient ces graminées ? Comment m'avaient-elles été cachées si longtemps ? Devant moi, il y avait des centaines de variétés, ondoyant dans le vent. « C'est donc cela », me suis-je dit. Ce jour-là, dans la pépinière de Kurt, fut scellée mon histoire d'amour avec les graminées. Puisque, à l'époque, personne sur la Côte Ouest ne cultivait ces plantes, je décidai de le faire. Je réalisai mon premier jardin de graminées avec mon associé de l'époque, Mike Sullivan, à San Marino, en Californie. La pépinière Greenlee fut fondée en 1987 et, aujourd'hui, c'est la plus ancienne pépinière de graminées de la Côte Ouest.

Depuis, toujours aussi émerveillé par les graminées, je n'ai cessé de planter des prairies et je le ferai sans doute jusqu'à mon dernier jour. J'en ai créé en Floride, à St. Louis, en Colombie Britannique, à Hawaï, sur des dunes de sable à Malibu, dans le désert de la Death Valley. Où que vous alliez, partout où vous jardinez, si vous regardez bien, vous trouverez des graminées prospères qui réjouissent le regard. Ayant passé ma vie à créer des prairies, j'aimerais vous aider à en réaliser une.

REMERCIEMENTS

Depuis mon premier livre, *The Encyclopedia of Ornemental Grasses* (Rodale, 1992), j'ai rencontré toutes sortes de graminées, de prairies, de jardins et de plantes qui ont inspiré ce livre-ci. Je dois aussi beaucoup à certaines personnes, dont l'influence et le soutien ont été déterminants.

Tout d'abord, mes plus sincères remerciements vont à mon amie et collègue, Ruth Chivers, sans qui ce livre n'existerait pas ; à Neil Diboll ensuite, qui insista pour que je « plante » mon livre avant de l'écrire ; à Saxon Holt et Tom Fisher, aussi, ainsi qu'à chacun chez Timber Press ; enfin à ma femme, Leesa, et à notre fils, Sedgie, qui m'ont laissé le temps de coucher ce livre sur papier (oui, avec un crayon H 12, des tas de crayons).

Sans votre aide, je ne serais jamais parvenu à bout de ce travail.

J.G.

Dès que j'eus terminé *Grasses* (Storey, 2002), j'ai eu envie de réaliser un livre sur la prairie. Je suis heureux que John Greenlee ait accepté d'écrire ce livre, car il m'a ouvert les yeux sur ce que pouvait être un jardin prairie. Mes remerciements vont aussi à Ruth Chivers, dont le soutien sans failles nous a permis de garder le cap. Et bien sûr, à Floa.

Je souhaite aussi remercier tout un réseau d'amis et de collègues qui, passionnés par le jardinage, partagent généreusement leurs informations. Sans pouvoir les nommer tous, je peux au moins remercier ceux qui m'ont gentiment laissé pénétrer dans leur jardin : Dave Fross, Luanne Wells, Ellen Hoffs, Chuck Stopherd, Peter Bergmann, Joann Driggers, Nan Derryberry, Richard McPherson, Paul et Kay Fireman, Ron Lutsko, Donald Hess, Carole Marks, Katherine Greenberg, Stephanie et David Mills, Jack Chandler, Matt Moynihan, Scott Ogden et Lauren Springer Ogden, Panayoti Kelaidis, Susan Sanders, Andrea Delong-Amaya, R. J. Brandes, Thaya Dubois, Hillary Green-Pae, Sandy Hill, Cynthia Tanyan, Rosemary Chang, Jack et Kay Keohane, Kelly McLeod, Roger Raiche, Virginia et Sander Vanocur, Gary Matus et Dan Sheehan, Jill et Rich Carter, Mark et Donna Gormel, Gary Campbell, Nancy Ondra, David Ellis, Kurt Bluemel, Nancy Beaubaire, Tom et Diane Peace, Randy et Karen Woods, Margaret Wilfey, Judith Phillips, Jan Wiste, Tom Steiner, Jim Spiegel et Dinorah Gutierrez, Wes Brittenham, Gail Haggard, Neil Diboll, Dick et Carole Cline, et Roy Diblik.

S.H.

CHAPITRE 1

L'ATTRAIT DES PRAIRIES

Le jardin prairie de *River Farm*, siège de l'*American Horticultural Society.* Aucune autre plante ne capte aussi bien la lumière que les graminées. Lorsque la lumière transperce leurs feuilles, elles brillent dans le couchant ou la lumière du petit matin.

Snaper Prairie State Natural area, Wisconsin. Immense, *Snapper Prairie* est souvent comparée à un océan. Alors que les prairies semblent sûres et closes, les grandes prairies sont le plus souvent exposées au vent, au soleil et à la pluie.

LE MEILLEUR LIEU POUR UNE PRAIRIE est généralement l'espace occupé par une pelouse. Avez-vous besoin d'une pelouse ? Dans la plupart des jardins, les pelouses, trop petites pour être utilisées comme terrains de sport, servent peu ou n'ont pas d'objet. Mon ami paysagiste Wolfgang Oehme les appelle « pelouses idiotes ». Bien sûr, on marche dessus de temps en temps, mais certaines graminées de prairies vous permettraient de faire la même chose, sans les inconvénients de la tonte et avec moins de conséquences néfastes pour l'environnement. La quantité de fertilisants, d'herbicides et d'insecticides appliqués sur une pelouse de taille moyenne est ahurissante. Ces produits chimiques – le plus souvent mal utilisés par des amateurs – empoisonnent notre environnement à une vitesse inouïe. Les fertilisants sont des sels minéraux dissous ; les fongicides contiennent en général des métaux lourds et les insecticides, insidieux, qui tuent les bons insectes avec

les nuisibles. Les biologistes s'inquiètent aussi de la baisse de la population amphibienne dans un monde de plus en plus chaud et sec. Ces inquiétudes devraient être partagées par chaque jardinier car nous habitons tous la même planète. Comme le montre ce livre, il existe une meilleure manière de s'y prendre.

Mt. Tamalpais State Park, Californie. L'eau a une relation particulière avec les prairies, elle leur apporte une sonorité et les rend plus vivantes. L'eau stagnante est une surface réfléchissante qui change de couleur avec la lumière.

Toutes les prairies sont des terres herbues. Selon les époques et les continents, ces écosystèmes de graminées ont été décrits comme des prés, des pâturages, des savanes, des gazons et des pelouses. Les pampas d'Amérique du Sud, le veld d'Afrique du Sud, les steppes de Russie et la grande prairie d'Amérique du Nord font partie des écosystèmes de graminées les plus fameux. Ils se caractérisent par de vastes espaces couverts de graminées et dépourvus d'arbres. Bien qu'ils se composent d'éléments d'une grande variété, ils se ressemblent à la fois par leur nature et leur aspect.

On appelle prairies, en général, des espaces enherbés à ciel ouvert avec des arbres, souvent traversés de rivières ou de ruisseaux. Elles peuvent être composées d'espèces indigènes, ou de mélanges d'espèces indigènes, introduites ou exotiques. On appelle aussi parfois prairies, des pâturages, particulièrement ceux où broutent les chevaux, les bovins ou les moutons, qui sont des écosystèmes indigènes altérés ou non par des composants exogènes.

Les écosystèmes de graminées courtes, comme celui-ci, deviennent rarissimes. Heureusement, de plus en plus de pépinières cultivent les plantes qui habitent ces prairies. *Florissant Fossils Beds National Monument*, Colorado.

Les prairies, dominées par les graminées, accueillent aussi un méli-mélo de plantes à feuilles larges participant à la symphonie de couleurs, de lumières et de textures de l'ensemble. N'importe quel petit bout de prairie, à première vue confus ou sans caractère, est riche en espèces de plantes à bulbe, graminées annuelles, laîches, joncs, mousses et lichens entremêlés composant un tapis vivant - la « chevelure de la terre », selon l'expression du grand horticulteur allemand Karl Foerster dans son livre *Einzug der Gräser und Farne in die Gärten (Introduire les graminées et les fougères dans les jardins)*. Tels les icebergs, le sous-sol des prairies, invisible, contient infiniment plus que la part visible. Riche d'une grande diversité de plantes, il permet une vaste diversité de vie : depuis le niveau microbien essentiel jusqu'aux oiseaux, abeilles et papillons, toutes sortes de créatures vivent dans l'écosystème des prairies.

La « prairie » désigne, de manière générique, des espaces enherbés entourés d'éléments naturels divers. Près de la mer, vous trouverez des graminées adaptées au sol, au sel et au vent des dunes. Sur les crêtes, les prairies sont peuplées de graminées et autres plantes adaptées à la survie dans les conditions extrêmes dominant dans ces lieux. Dans certaines régions du Midwest, le mot « clairière », désignant un espace ouvert planté d'herbes au milieu des arbres, est interchangeable avec le mot « prairie » ou « prairie de montagne », comme disent beaucoup de gens. De 2 400 à 2 700 m d'altitude, dans toutes les régions du monde, la forêt laisse place aux prairies de graminées et de fleurs. Pour plus de clarté, nous définirons la prairie comme un espace planté de graminées, ni tondu ni entretenu comme des pelouses conventionnelles.

Le mouvement des oiseaux, des abeilles et des papillons apporte de l'animation aux écosystèmes de graminées. *Blue Ridge Parkway*, Virginie.

Je crois qu'il est dans la nature humaine d'être attiré par la lumière qui filtre dans les clairières, à travers les arbres. Les prairies bénéficient du sentiment de sécurité et de l'abri qu'offrent les arbres proches. *Rocky Mountain National Park*, Colorado.

Les prairies alpines sont grisantes, en partie peut-être parce qu'elles scintillent sous le ciel clair et intense de la montagne. *Holy Cross Wilderness*, Colorado.

La beauté des prairies

Il n'existe pas de définition scientifique unique de la prairie. C'est pourquoi, à ce sujet, les opinions divergent. Au-delà de ces divergences, les prairies sont toujours des lieux à atteindre et présentent un attrait particulier pour les enfants. Les grandes prairies naturelles, aux horizons infinis, ont l'impressionnante beauté de ces vagues semblant se reproduire sans fin et se perdre dans l'immensité. Les prairies que je crée sont différentes, du fait de leur arrière-plan : tantôt des arbres, tantôt des collines et des montagnes, plus souvent des frontières masquées des jardins où elles se trouvent ; d'autres occupent de très grands espaces, quand les propriétaires ont la chance de disposer de tels terrains. En général, on sort de la forêt obscure par une porte ou un portail qui donne accès à cette trouée ensoleillée, apaisante, où les graminées jouent dans la lumière.

Chaque prairie, entre terre et ciel, invite à s'allonger dans l'herbe, à regarder les nuages, à percevoir les changements de la lumière et leurs effets sur les graminées. Dans la lumière du petit matin et dans celle du soir, les feuilles translucides des graminées reflètent les couleurs spectaculaires de l'aube et du crépuscule. Nuages et brouillard, ombres et perles de rosée animent aussi les graminées ondulantes des prairies. Vous pouvez composer votre prairie, y créer des sentiers sinuant à travers une végétation luxuriante, ou prévoir des espaces où s'asseoir et se retrouver, voire s'allonger sur le sol pour les apprécier pleinement. À moins que vous ne le désiriez pas, bien sûr !

Également fluides et mouvantes, l'eau et les graminées s'associent de manière heureuse, comme on l'observe dans la nature : les prairies se trouvent souvent près d'un ruisseau ou d'un fleuve, en bord de mer ou à proximité d'un lac. Mais elles peuvent être aussi

Le passage de la lumière à l'ombre crée, au jardin, une atmosphère dramatique

Les graminées ont un pouvoir presque magique pour accrocher et réfléchir la lumière.

Le mobilier de jardin, qu'il soit fantaisiste ou tout simple, peut rendre une prairie plus accueillante et agréable.

(page suivante, en haut) L'eau courante ajoute l'expérience sensorielle du son à une prairie. Dans cette scène, les graminées au bord de l'eau sont inondées une partie de l'année. *Big Thompson River*, Colorado.

(en bas) Lorsque les lotissements sont à la lisière d'une zone naturelle, les prairies peuvent être particulièrement précieuses pour ancrer les maisons dans le site.

des lieux secrets, dissimulés dans des bois denses ou des profonds canyons ; humides, ombragées, plantées de fougères, ces prairies ont une atmosphère bien à elles. Les prairies alpines sont des lieux de repos, où l'on peut respirer tout en admirant la beauté et la grandeur de la nature autour de soi.

Les prairies ne sont pas nécessairement chères. Parfaits petits joyaux cachés derrière une haie, une barrière, un mur en ville ou dans un jardin de banlieue, elles peuvent constituer, rien qu'avec quelques espèces, un lieu où reposer le regard et former de belles transitions entre un jardin et un paysage plus vaste. Dans les sites ruraux, planter une prairie peut faire entrer le paysage dans le jardin, en brouillant les limites de celui-ci.

La plupart des prairies sont des champs ouverts disposant d'un sol fertile gorgé d'eau, d'où leur caractère désirable. Toutefois, les déserts ont aussi leurs prairies. En espagnol,

Les pionniers allant vers l'Ouest choisissaient souvent des prairies pour s'installer.
Elles procuraient de la nourriture pour le bétail et permettaient aux pionniers de voir qui allait et venait.

Las Vegas signifie littéralement « les prairies ». Un bon écosystème désertique possède souvent quelques graminées, notamment dans les déserts longeant des arroyos ou des canyons. Dans la lumière du désert, les graminées, plus stupéfiantes parfois que partout ailleurs, apportent à la rudesse et à l'aridité du sol et de la roche une note de douceur qui humanise l'espace en le rendant plus accueillant. Leur fine texture offre un contraste saisissant avec la résistance étonnante de ces graminées du désert.

Une alternative : pelouses naturelles ou prairies

Par définition, les pelouses sont des surfaces plantées de graminées, soigneusement et régulièrement tondues pour rester courtes. Focalisée sur certaines espèces, l'industrie du gazon les a sélectionnées et hybridées de façon intensive pour résister à une tonte très courte et au passage régulier de piétons. Irradiées, immergées dans des hormones, croisées et recroisées pour rester courtes et denses, elles ressemblent rarement à leurs espèces d'origine. La plupart des graminées de pelouses conventionnelles ont besoin de trente à quarante tontes par an pour garder un aspect soigné, ces tontes répétées nécessitant de constants arrosages et fertilisations. Actuellement, une nouvelle recherche est en cours, consistant à introduire dans les graminées pour gazon des gènes qui les rendraient résistantes aux herbicides. Est-ce une bonne chose ? Je me le demande.

Un jardin sec à Santa Fe, au Nouveau-Mexique, avec *Nassella tenuissima*, *Forestiera neomexicana* et *Ratibida columnifera*. Incroyablement doré, ce jardin scintille sous la lune.

Les tontes constantes qu'elle exige sont un des principaux inconvénients d'une pelouse conventionnelle.

GRAMINÉES POUR PELOUSES NATURELLES

Voici quelques-unes des graminées sur lesquelles j'aime marcher. Suivez-moi, retirez vos chaussures et sentez l'herbe sous vos pieds. Satin, velours, velours côtelé, jean, soie, coton – la matière de l'herbe doit être expérimentée dans sa diversité et sa globalité. Deuxième étape : oubliez de marcher – quand vous êtes-vous couché dans l'herbe pour la dernière fois ?

Acorus
Agrostis hallii
Anthoxanthum odoratum
Bouteloua gracilis
Buchloe dactyloides
Distichlis spicata
Festuca
Poa arachnifera
Poa compressa

Chaque région a ses propres gazons indigènes qui, avec très peu de tonte et de coupe, poussent naturellement comme un beau gazon. Récemment, la connaissance plus approfondie des écosystèmes de jadis a ramené à la lumière les graminées et les laîches indigènes qui faisaient, naturellement, les pelouses ou les pelouses prairies. Courtes par nature, ces plantes indigènes, présentes dans la nature avant l'urbanisation et le développement moderne, nécessitaient peu de tontes. Les pelouses naturelles (pelouses de graminées pour gazon non conventionnel) sont adaptées aux pluies, aux types de sols et aux conditions climatiques régionales.

Une pelouse naturelle (de 5 à 15 cm de haut, selon la variété de graminées plantées), tout en ressemblant à une pelouse, est très différente d'une pelouse conventionnelle. Si vous désirez un aspect parfaitement soigné, ces pelouses naturelles ne sont pas faites pour vous. Pourtant, les pelouses naturelles peuvent vous rendre les mêmes services qu'un gazon conventionnel. D'un point de vue strictement conceptuel, une pelouse offre un espace d'un vert frais où reposer l'œil, un lieu apaisé. Les pelouses naturelles peuvent remplir cette fonction aussi bien qu'un gazon tondu. De plus, comme elles n'exigent ni tondeuse ni coupe-bordure au sens conventionnel du terme, on peut y ajouter des fleurs et des bulbes. Moins de bruit, moins d'eau, moins de dur labeur. Peut-être une pelouse naturelle est-elle faite pour vous…

La taille de la plupart des propriétés se réduisant, les pelouses sont devenues plus petites et moins « utiles » au sens propre. Aujourd'hui, dans de nombreux quartiers anciens, la forêt urbaine a vieilli, ombrageant davantage nos banlieues, tandis que le sous-sol de nos jardins est affecté par les racines des arbres. Dans certains jardins, il y a tout simplement trop d'ombre pour obtenir une belle pelouse. Ou bien les enfants ont grandi et ne jouent plus sur la pelouse. Le temps est peut-être venu pour un changement.

Outre les graminées, chaque région a ses propres laîches indigènes qui peuvent constituer ces pelouses naturelles. Les laîches sont un groupe de plantes herbacées qui appartiennent à la famille des Cyperaceae. La plupart des gens ne connaissent bien que les espèces de terrain humide et de mauvaises herbes. Pourtant, beaucoup de nos meilleures candidates pour des pelouses naturelles sont des laîches qui varient en couleur, hauteur, largeur de feuille et floraison. Certaines, persistantes, restent vertes presque tout l'hiver, d'autres entrent en dormance avec les premiers gels. Certaines préfèrent le plein soleil, d'autres supportent l'ombre. Certaines aiment le sable, d'autres tolèrent les terres argileuses les plus lourdes.

Les laîches de prairie, utiles pour les pelouses naturelles, ont à mes yeux un intérêt particulier. Je les ai trouvées d'une côte à l'autre, sous la plupart des climats, à la fois dans la nature et dans les banlieues. Beaucoup se ressemblent si fort que les identifier peut se révéler difficile, même pour des botanistes. Les pépinières spécialisées en graminées constituent la meilleure source d'approvisionnement pour le matériel génétique local et de nombreuses pépinières de plantes indigènes cultivent des clones locaux. Lorsqu'on crée des pelouses naturelles, il est recommandé d'utiliser un mélange de laîches ; on peut aussi les employer en masse ou en larges traînées d'une seule variété.

L'industrie du gazon a quelque peu modifié l'étonnante adaptabilité de ces plantes. Peut-être ne veut-on pas d'une pelouse qui n'a pas besoin d'être tondue, arrosée et

Kelly et Steve McLeod ont choisi d'avoir une pelouse de *Carex pansa* devant leur maison de Los Angeles, plutôt qu'une pelouse traditionnelle. Leur choix est bien meilleur pour l'environnement.

La pelouse de fétuques 'No-Mow' de Neil Diboll fait un beau sous-étage pour son verger et se marie bien avec la prairie environnante.

fertilisée comme une pelouse ordinaire ? Toutefois, comme de plus en plus de gens se rendent compte que de nombreuses laîches indigènes peuvent être utilisées pour créer des pelouses, je suis sûr que davantage d'espèces et de variétés vont apparaître dans les pépinières de grande distribution.

Les prairies comme solution

Les prairies offrent une solution à la folie de la culture des pelouses traditionnelles. Beaucoup d'entre nous ne veulent tout simplement pas perdre un temps précieux pour ce projet interminable qu'est une pelouse conventionnelle de bel aspect. Étant donné le coût, l'alternative – payer une entreprise pour s'en occuper – est à peine plus attrayante.

Une luxuriante pelouse de laîches espacées (*Carex remota*). Le port compact et le beau feuillage de cette laîche en font un substitut à la pelouse particulièrement robuste.

(page précédente) Cette petite pelouse de laîches est un choix beaucoup plus intelligent qu'une pelouse traditionnelle qui demande des tontes constantes. Principalement composée de *Carex retroflexa*, elle est aussi remplie de lys zéphir (*Zephyranthes*) qui attendent le bon moment pour produire leurs fleurs étonnantes.

Les pelouses conventionnelles sont des monstres assoiffés d'eau.

Car il n'y a pas que l'énergie consommée par les tondeuses ; il faut aussi prendre en compte le gaz et l'essence pour conduire, 35 fois par an en moyenne, les équipes de tonte sur le site, ainsi que la pollution produite par les véhicules, les tondeuses et les coupe-bordures, plus le méthane dégagé par les déchets de tonte. Une fois sur le site, le bruit des appareils gêne les humains et effraie la faune sauvage. Les oiseaux, les abeilles et les papillons, tous s'enfuient – jusqu'à ce que les grincements et les ronflements aient cessé. Enfin, l'eau est une ressource limitée, qui dans beaucoup de régions ne sera plus jamais abondante ou peu chère. Dans de nombreuses zones, les nappes phréatiques n'ont pas été remplies par les pluies, l'eau se raréfie et il n'y en a plus assez pour alimenter les pelouses. L'accroissement de la population, couplé avec le déclin des ressources, esquisse un avenir inquiétant qui nous impose de repenser nos paysages.

Indigènes ou non, paysagères ou non, les prairies offrent une excellente alternative à la pelouse traditionnelle. Si vous avez la chance de démarrer avec une belle parcelle de plantes indigènes, vous pouvez laisser la nature prendre la tête des opérations et faire le travail de conception tandis que vous prendrez en charge l'entretien et le contrôle des plantes, sans y ajouter aucun outsider. Il est vrai que de telles occasions se font rares. C'est pourquoi certains clients font appel à moi, pour recréer une scène qui a peut-être existé jadis dans leur jardin. Le premier impératif est de choisir, pour la prairie, des composants en harmonie avec l'environnement, plutôt que simplement des indigènes pour l'amour de l'indigène. Il s'agit de créer une prairie avec des graminées et des plantes ornementales qui conviennent aux conditions de votre site, qu'il soit tropical, humide, sur un toit, sur le littoral, dans un désert brûlant, un bois ombragé, au sommet d'une colline, où que ce soit. Pourquoi garder une vilaine pelouse quand vous pouvez planter une belle prairie ?

LAÎCHES POUR PELOUSES NATURELLES

Carex albolutescens
Carex appalachica
Carex 'Beatlemania'
Carex eburnia
Carex filifolia
Carex flacca
Carex pansa
Carex pensylvanica
Carex perdentata
Carex praegracilis
Carex retroflexa
Carex texensis

Une prairie paysagère peut être couverte de fleurs exquises, exactement comme dans la nature, et aussi sophistiquée sur le plan horticole que n'importe quel massif de vivaces ébouriffant. Les graminées sont le liant qui unit toutes les plantes.

CHAPITRE 2

COMMENT ET OÙ POUSSENT LES GRAMINÉES

Une prairie de laîches, dans la Sierra Nevada, en Californie.
Regardez bien et vous trouverez des laîches qui prospèrent sous votre climat.

POUR CRÉER UNE PRAIRIE ou un gazon dans un jardin d'agrément, il ne suffit pas de comprendre comment poussent les graminées ; il faut aussi savoir comment elles poussent en relation avec les différentes conditions de climat et de sol du pays. Les livres décrivent des graminées de sites chauds et secs, d'autres de climat froid et humide, d'autres, enfin, capables de pousser dans des conditions très variées. Ils distinguent aussi les graminées de sol riche, celles de sol pauvre, celles de sol sec et celles de sol mouillé avec de nombreux intermédiaires. Sans qu'il soit nécessaire d'avoir un diplôme de botanique, créer une belle prairie suppose de comprendre les bases de l'écosystème. C'est ce que nous allons voir dans ce chapitre.

Graminées et plantes similaires

Tout d'abord, lorsque nous parlons de graminées destinées à créer une prairie, nous ne parlons pas seulement des herbes de la famille des Poacées mais nous souhaitons aussi leur associer de nombreuses plantes qui apparemment leur ressemblent, tout en appartenant à d'autres familles : laîches (ou carex), joncs, luzules, linaigrettes... Elles ont toutes la même forme de feuilles, étroites et allongées, mais présentent quelques différences que souligne de manière amusante une comptine scolaire américaine : «Les laîches sont coupantes, les joncs sont ronds et les graminées ont des nœuds de la tête aux pieds.» En effet, le bord des feuilles des laîches est souvent coupant (famille des Cypéracées). Quant aux joncs des prairies humides (qui croissent parfois dans plusieurs centimètres d'eau), ils ont des tiges et des feuilles creuses et cylindriques. En ce qui concerne les graminées, elles se caractérisent effectivement par des renflements le long de la tige, appelés «nœuds». Ajoutons que les luzules, de la même famille que les joncs (Joncacées), portent de longs poils. Joignons également à cette liste les narcisses et les jonquilles (Amaryllidacées) qui ont, pareillement, des feuilles linéaires plus ou moins larges. Lorsque ces plantes fleurissent, c'est une surprise : les fleurs colorées émergent au-dessus de ce qui semble être partout la même herbe ! Les botanistes distinguent ces végétaux alliés des graminées tandis que les jardiniers ont seulement besoin de savoir qu'ils sont proches et ont le même rôle dans le jardin. Beaucoup de gens se sentent dépassés croyant qu'il est nécessaire de faire la différence entre un jonc et une laîche. En fait, la seule chose vraiment nécessaire est de connaître le fonctionnement de la plante et non le détail de la structure de ses organes reproducteurs. Il est plus important de savoir que dans ces différentes familles, il existe des plantes rampantes ou en touffes, à durée de vie longue ou brève, qui aiment l'eau ou supportent la sécheresse, préfèrent le soleil ou l'ombre. Laissez la systématique aux botanistes et embarquez-vous dans le jardinage.

Graminées de sol riche et frais et graminées de sol pauvre et sec

Sur sol riche et frais, les graminées tiennent une place prépondérante dans la «prairie grasse» (ou prairie riche). En hiver, elles lui donnent son allure d'épais tapis, restant vert sombre dans les plaines, jaunissant à plus haute altitude sous l'effet du gel. Dès que la température s'élève, aux premiers jours du printemps, les jeunes feuilles, très drues, teintent la prairie d'un vert gai. Au mois de mai, les graminées commencent à «monter» : leurs tiges se haussent parfois jusqu'à plus d'un mètre de hauteur. Elles portent

Cette prairie d'herbe de bison (*Buchloe dactyloides*), au Nouveau Mexique, est bordée de *Schizachyrium scoparium*, qui tolère la chaleur et la sécheresse extrême. Les pluies d'été la reverdissent semble-t-il en une nuit. Deux centimètres d'eau par semaine lui suffisent pour être verte tout l'été.

Souvent confondue avec *Eragrostis chloromelas*, *E. elliottii* est une ravissante graminée, originaire de Floride. Sa couleur en hiver est saisissante lorsqu'elle est éclairée de dos.

(à gauche) En hiver et au printemps, les graminées de cette colline sont d'un brillant vert émeraude. Plus tard, dans la chaleur de l'été et alors qu'il ne pleut plus, elles deviennent brunes et dormantes. Le secret pour avoir de belles prairies sous un climat méditerranéen est de trouver des graminées indigènes qui restent vertes avec un léger arrosage.

(à droite) *Poa arachnifera* et *Oenothera berlandieri* (oenothère tolérent à la sécheresse. Parmi les graminées qui supportent la sécheresse, *Poa arachnifera* a un feuillage vert foncé exceptionnel.

des feuilles planes et dressées. Ensuite, les inflorescences s'érigent jusqu'à leur apogée, donnant au vent tout le loisir de les mettre en mouvement et au soleil toute la grâce de faire miroiter leurs subtils coloris. C'est alors que les prairies sont fauchées pour les exigences agricoles et changent brutalement de physionomie. Rases à nouveau, elles jaunissent plus ou moins rapidement durant l'été, suivant la quantité d'eau et la température. Dès qu'il pleut suffisamment, ce qui est fréquent à la fin du mois d'août, la plupart des graminées repoussent : elles constituent le «regain» dont l'herbe sera soit fauchée soit broutée par le bétail.

Sur sol pauvre et sec, les graminées sont moins recouvrantes : elles sont séparées par de petites surfaces de sol sur lesquelles poussent d'autres plantes souvent minuscules. Elles forment les pelouses sèches qui sont plus ou moins régulièrement pâturées (étymologiquement, pelouse signifie «pelé»). Leur port est, le plus souvent, en touffes denses constituées de feuilles très fines, d'un vert généralement plus pâle, grisâtre ou un peu bleuté. Leur aspect saisonnier ne change pas de manière spectaculaire : seule la sécheresse du milieu de l'été gêne leur croissance et endommage leur couleur. Les nouvelles feuilles, puis les tiges, jamais élevées, ne se forment qu'après les premières pluies printanières et sont fréquemment broutées par les moutons à cette époque.

Entre ces deux extrêmes - somptueuses prairies sur terrain riche et frais et pelouses discrètes adaptées aux sols secs et pauvres -, différents herbages peuvent être reconnus comme les prairies moyennement riches et les prairies maigres, ces dernières se rapprochant, par leur aspect, des pelouses. Les graminées qui les constituent sont moins élevées

À l'arrière-plan, la fétuque 'No-Mow' prospère à l'ombre sèche des arbres, tandis que *Schizachyrium scoparium* s'épanouit dans la clairière ensoleillée.

Il n'est pas facile de marcher sur les grandes graminées en touffes, un sentier est le meilleur moyen pour les traverser.

LES AGRESSIVES

Les graminées qui se propagent de façon agressive méritent de retenir toute votre attention. Ce sont des plantes qui « réussissent » brillamment ; quelques-unes, même indigènes, peuvent complètement submerger vos plantations. Certaines se propagent en rampant, d'autres se ressement, disséminant des milliers de plantes potentielles dans le vent et dans les écosystèmes environnants. Dans de nombreuses situations, on peut ne jamais parvenir à éliminer ces plantes de son jardin. Chaque région a sa panoplie de plantes agressives. Connaître celles qui peuvent affecter votre jardin et votre prairie est de la plus haute importance. Reportez-vous, à l'encadré du chapitre 7 « Les redoutables », consacré aux pires de ces scélérates.

et moins vigoureuses que celles des prairies grasses mais gardent cependant des feuilles relativement tendres contrairement à celles des pelouses qui hébergent le plus souvent des graminées à feuilles enroulées de texture rigide (fétuques du groupe ovina, nard...).

À ces types de prairies, il faut ajouter celles sur sol mouillé et parfois submergé une partie de l'année : les joncs côtoient ici les graminées.

En installant une prairie ou un gazon autour de sa maison ou dans un parc, on s'attachera à choisir, en fonction du sol, des graminées prairiales (sol profond, riche et frais), des graminées de pelouses sèches (sol maigre, pauvre et sec) ou d'autres encore en relation avec leur habitat d'origine.

Annuelles ou vivaces ?

On classe généralement les graminées en annuelles (qui accomplissent leur cycle de vie en une saison de végétation) et les vivaces (qui vivent plus d'une année). Certaines graminées vivaces durent plusieurs décennies, d'autres ont une durée de vie de 2 ou 3 ans seulement. Plus l'enracinement des graminées à longue durée de vie est important, plus les prairies sont belles. Celles qui ne sont constituées que d'annuelles peuvent former de passionnants écosystèmes mais ceux-ci, sans intervention humaine, sont rapidement envahis par d'autres herbes (celles que l'on nommait autrefois «mauvaises herbes» mais qui peuvent seulement être gênantes à un moment donné). Du fait de leur caractère éphémère, les annuelles sont surtout intéressantes pour produire des effets saisonniers. Les vivaces à courte durée de vie peuvent aussi être utilisées pour créer des atmosphères changeantes. On leur préférera toutefois les vivaces à vie longue, qui étant implantées plus durablement dans le sol, nécessiteront moins d'entretien. Tout dépendra bien sûr du rôle accordé aux graminées et des effets recherchés en rapport avec le temps disponible pour la maintenance des cultures. Il est important de connaître les graminées qui vivront longtemps sur le type de sol de votre parcelle.

En touffes ou rampantes ?

La plupart des graminées poussent en touffes serrées (on les dit cespiteuses) ou se propagent en rampant et forment des colonies. Les graminées en touffes poussant comme un coussin de feuillage ne se propagent pas à partir de stolons ou de rhizomes. On peut marcher sur certaines d'entre elles car elles sont aplaties comme un tapis. D'autres forment des touffes si denses qu'il n'est pas facile de les fouler : on peut marcher «entre» mais pas «sur» elles, comme, par exemple la canche cespiteuse. Il convient de prendre en compte les types de végétation lorsqu'on conçoit des prairies pour éviter qu'une graminée ne devienne excessivement dominante sur les autres.

Parmi les graminées qui se propagent en rampant, certaines, qui progressent lentement, sont faciles à utiliser. D'autres, d'une agressivité redoutable, peuvent envahir un site, voire empiéter sur les jardins voisins. Les graminées rampent de deux manières : soit par des tiges aériennes couchées, nommées stolons aériens, soit par des tiges souterraines pourvues d'écailles, nommées rhizomes (si elles sont renflées et gorgées de réserves)

Les graminées à inflorescences comme la mélique ciliée (*Melica ciliata*) rivalisent avec les vivaces à fleurs pour créer des scènes spectaculaires.

et stolons souterrains (si elles sont fines). Lorsqu'elles forment des colonies, il n'est pas dommageable pour elles de marcher dessus, certaines même résistent très bien ou sont favorisées par le piétinement.

Les fleurs des graminées

Le nombre de personnes croyant que les graminées n'ont pas de fleurs est surprenant. Nous sommes si déconnectés du monde naturel que la plupart des gens ne connaissent des graminées que le gazon des jardins d'agrément. Cessez de tondre votre gazon et vous découvrirez l'incroyable gamme d'inflorescences des graminées bien qu'elles n'aient pas de fleurs avec «corolle» : elles varient à la fois par leur forme et par leur couleur et même par leur période d'épanouissement.

Florifères, les graminées produisent de nombreuses graines entourées, chacune d'une enveloppe (correspondant au fruit sec, l'ensemble est nommé «grain» chez les céréales). Ces semences sont la clé d'une prairie réussie. Toutefois, la tendance à se propager à partir des semences varie considérablement d'une graminée à l'autre. Certaines se ressèment et

(à gauche) Les inflorescences diaphanes de *Muhlenbergia capillaris* 'White Cloud', une variété blanche du populaire *Muhlenbergia* pourpre et une des dernières graminées à fleurir en automne.

(à droite) Le brome inerme (*Bromus inermis*), une espèce envahissante qui peut néanmoins être utilisée pour faire une belle prairie. Cependant, si vous avez le choix, il existe des graminées indigènes qui peuvent remplir le même rôle aussi bien, sinon mieux.

(à gauche) L'herbe grama (*Tripsacum dactyloides*) a des fleurs pendantes, petites mais richement colorées. Spectaculaires, selon l'acception conventionnelle du terme, elles sont aussi fascinantes vues de près. Comme chez de nombreuses graminées, les graines mûres sont une source de nourriture importante pour la faune sauvage.

(à droite) *Muhlenbergia capillaris*.

se propagent de manière redoutable. D'autres ne produisent que rarement, voire jamais, de graines viables et se comportent bien dans un jardin. Comme le sait tout jardinier expérimenté, la capacité à se reproduire à partir des graines peut être, pour un jardin, tantôt un bienfait, tantôt une calamité. Les espèces introduites peuvent menacer non seulement votre jardin, mais aussi les écosystèmes indigènes proches. Les graines ne s'arrêtent pas aux portes du jardin, c'est pourquoi de nombreuses graminées indésirables, inadaptées à la création d'une prairie se propagent dans les cultures. Chaque écosystème comporte des herbes indésirables. Réussir une prairie suppose de contrôler à la fois les bonnes graminées et les moins bonnes. Les bonnes graminées de prairies, indigènes ou non, sont celles qui restent là où vous les avez plantées.

Les nombreuses fleurs (très petites) d'une graminée sont groupées en épillets, eux-mêmes réunis dans une inflorescence. Celles-ci sont tantôt des épis plus ou moins aplatis (ray-grass, chiendent...), tantôt des épis cylindriques (fléole, sétaire...), tantôt des panicules plus ou moins lâches (pâturin, avoine...). Généralement de couleur discrète, dans les tonalités de vert, avant maturité, de diverses nuances de jaune ensuite, elles peuvent être colorées en rose pourpré, en bleuâtre ou même devenir vigoureusement violacées. On remarquera tout particulièrement les avoines et les pâturins d'altitude avec leurs épillets multicolores aux reflets irisés ; la seslérie bleue des terrains calcaires revêtue de teintes azurées ; la canche flexueuse aux éclats d'argent rencontrée en lisière et sous-bois ainsi que dans les landes au sol acide ; la molinie des terrains humides qui élance sa hampe florale violette ; la trisète dorée des prairies montagnardes aux nuances cuivrées.

Bien que pittoresques, de nombreux herbages ne sont plus ce qu'ils étaient. Trop de broutage en période de sécheresse et l'introduction de graminées annuelles agressives ont énormément réduit l'aire de répartition des espèces indigènes.

Bien qu'il reste peu d'anciens écosystèmes de prairie et de grande prairie, ils sont néanmoins présents dans tout l'Ouest de l'Amérique. Même les régions les plus sèches du sud-ouest possèdent des zones humides accueillantes pour les graminées.

La partie qui suit a été entièrement réécrite par Robert Portal et Maryse Tort afin de l'adapter aux particularités françaises.

Les graminées en France

Climat et sol sont responsables de la répartition des herbages. Le climat de plaine et de moyenne montagne permet l'obtention de belles prairies. Aux altitudes les plus élevées, les pelouses rases occupent la plus grande place car les plantes qui les composent tolèrent les grands froids. En région méditerranéenne, les graminées, qui forment des pelouses sèches, sont adaptées aux longues périodes estivales. En bord de mer, certaines supportent les sols salés et même y prospèrent.

Prairies grasses des basses altitudes

De nombreuses prairies sont ensemencées pour être utilisées pendant un petit nombre d'années : ce sont les prairies temporaires. La plupart des graminées sont d'excellentes fourragères à haute valeur nutritive pour le bétail : ray-grass et dactyle, par exemple (semés en association avec des légumineuses). Avec ses feuilles luisantes, le ray-grass anglais (bien connu par ailleurs car participant aux gazons dans les jardins d'agrément) est

Dans les prairies, des notes fleuries vont et viennent avec les saisons.
Faite de graminées indigènes et non indigènes, cette prairie, dans Willamette Valley, dans l'Oregon, est toujours belle. D'autres fleurs prendront la suite des gyroselles (*Dodecatheon*).

favorisé par la fauchaison, les sols riches et frais ainsi que le piétinement. Originaire des régions sous influence océanique, il est particulièrement verdoyant sous climat humide ; ailleurs, il résiste mal à la sécheresse et peut jaunir en été. Le dactyle, graminée en touffes, croissant au mieux dans les sols profonds, a des feuilles plus larges, vert mat. Son enracinement profond lui permet de passer l'été sans jaunir.

Les prairies installées naturellement sont habituellement riches sur le plan agronomique. Elles comprennent les graminées citées ci-dessus (ray-grass, dactyle) et sont caractérisées par l'avoine élevée. C'est dans cet ensemble de prairies que fleurit, lorsque le sol est humide, le colchique d'automne.

Une forme de prairie bien particulière est celle qui s'installe sur les vastes alluvions sablonneuses des grands fleuves ; ce sont les prairies à chiendents. Ces graminées sont très agressives par leurs multiples stolons souterrains qui se multiplient très vite, se bouturent et se propagent très loin. Est-il nécessaire de préciser qu'elles sont redoutées dans les cultures ?

Prairies de moyenne montagne

La plupart des prairies sont des prairies permanentes (installées pour de nombreuses années) ; elles sont également nommées prairies naturelles (non ensemencées par l'agriculteur). L'écosystème résulte, de manière conjointe, des pratiques agricoles et du contexte naturel (climat, qualités du sol). Les deux pratiques agricoles décisives pour le maintien de la prairie sont la coupe de l'herbe (fauche ou pacage) et l'apport de fumure pour compenser les pertes dues à l'exportation de l'herbe. Les facteurs naturels qui jouent un rôle déterminant sur les graminées sont, d'abord la quantité d'eau dont elles disposent dans le sol, ensuite les températures au cours de la belle saison.

Considérons d'abord les prairies en fonction de la richesse du sol en éléments nutritifs. La prairie enrichie par un apport important et régulier d'engrais est dominée par les bonnes fourragères : ray-grass, dactyle, fléole, fétuque à larges feuilles (comme la fétuque des prés). Si l'apport, au fil des années, ne compense pas les prélèvements, la prairie s'appauvrit : les graminées moyennes fourragères comme les pâturins, les agrostis et quelques autres se substituent progressivement aux meilleures fourragères. Ainsi, en moyenne montagne (Massif central, Vosges, altitudes inférieures des Pyrénées, des Alpes et du Jura), on pourra observer à la fois des prairies grasses, denses et élevées au moment de la fauche et des prairies maigres dont les graminées sont moins serrées, moins hautes et faibles fourragères (comme la flouve odorante). Il s'y ajoute toutes les prairies qui font transition entre ces deux extrêmes.

L'écosystème prairial varie aussi beaucoup en fonction de la quantité d'eau contenue dans le sol. Les prairies moyennement humides ou prairies à sol frais sont les plus belles. Tout au plus peuvent-elles souffrir, au fur et à mesure que l'on se dirige vers le sud de la France, d'un déficit en eau durant l'été. Les prairies sèches ont un sol assez pauvre et s'apparentent aux prairies maigres. Les prairies très humides ont, en revanche, une physionomie différente et très caractéristique : les joncs y sont abondants et quelques laîches peuvent s'y développer parmi les graminées. En fait, le plus souvent, une mince nappe d'eau est retenue par une couche d'argile plus profonde si bien que le niveau

La lutte est constante entre les graminées et les plantes ligneuses. À moins d'un feu ou d'une intervention humaine cette prairie va retourner à la forêt.

Le long de *Blue Ridge Parkway*, en Virginie, de grandes prairies recouvrent les sommets de montagnes, que l'on appelle aux États-Unis les balds (monts chauves), ce sont des herbages riches en espèces. Malheureusement, la construction de routes favorise l'introduction de plantes non indigènes et des techniques de gestion peu judicieuses ne font qu'exacerber le problème.

de l'eau est élevé au printemps (on la voit fréquemment affleurer), il s'abaisse ensuite jusqu'à l'automne. Ces conditions sont idéales pour les joncs. Les narcisses si parfumés y trouvent aussi leur terrain de prédilection... lorsqu'ils n'ont pas été éliminés. Les agriculteurs drainent le plus souvent les prairies trop mouillées dont l'eau asphyxie les racines.

Enfin, par ses nuances, le climat montagnard entraîne des variations dans la composition graminéenne de la flore. Il est globalement très favorable aux prairies car il est humide et la chaleur n'y est jamais excessive pendant une longue durée. Au fur et à mesure que l'altitude s'élève, la température moyenne annuelle s'abaisse (de 1 °C environ pour 200 m) tandis que les précipitations augmentent. En relation avec l'élévation d'altitude, la trisète ou avoine dorée prend une place de plus en plus importante. Mêlée aux autres fleurs, elle nous offre l'incomparable palette des prairies d'altitude ondoyant sous le vent et bourdonnant de mille insectes. Spectacle trop bref qu'anéantira la faux pourtant nécessaire afin que se renouvelle le cycle.

L'origine des prairies montagnardes remonte à la nuit des temps... Elles sont issues du défrichement des forêts (hêtraies, sapinières) et de la mise en pâture, souvent avec une transition par les champs cultivés. Celles que l'on voit aujourd'hui sont régulièrement entretenues. Lorsque l'agriculteur cesse l'apport d'engrais tout en faisant pacager le troupeau (bovin ou ovin), la prairie s'appauvrit progressivement, devient prairie maigre puis pelouse qui sera alors broutée par les moutons, parfois par les chèvres. De toute façon, il y aura une forme de tonte, que ce soit par le troupeau ou par la machine ! Et si une prairie est abandonnée, purement et simplement ? Cela ne se pratique guère car l'agriculteur n'abandonne pas les bonnes terres ! Les observations montrent cependant qu'en 2 ou 3 ans, les buissons s'installent, puis les arbres, en même temps que des grandes herbes : la friche a pris la place de la prairie. Désormais à l'ombre, la plupart des graminées qui la composaient disparaissent.

Pelouses aux différentes altitudes

Sur les versants des vallées, les herbages sont des pelouses sèches, ce qui est la conséquence de l'exposition ensoleillée mais aussi du surpâturage et de la topographie. Celles qui ont survécu à l'abandon du XXe siècle sont entretenues par les moutons qui broutent et apportent leurs déjections comme seule fumure. Le plus souvent rases du fait des sols épuisés et secs, elles montrent une teinte bleutée due aux touffes de la fétuque ovine plus ou moins jointives tant sur sol acide que sur sol neutre ou basique. En culture, la fétuque ovine est conseillée sur les sols secs et la variété glauque, d'une délicate couleur bleu grisé, est utilisée en ornementation.

La pelouse est moins basse sur les sols calcaires ou volcaniques, plans ou en pente douce : elle est dominée par le brome dressé et le brachypode penné. Cette dernière graminée a la particularité de résister au feu. Or, les brûlis sont une pratique traditionnelle fréquente. Après ceux-ci, le brachypode se multiplie rapidement et occupe toute la place.

Ces pelouses, qui résultent du défrichement des chênaies primitives, s'amenuisent actuellement et sont gagnées par des buissons épineux qui sont fort jolis mais entraînent la disparition progressive des graminées de plein soleil.

La chaleur de l'été s'accroissant, les fleurs se fanent et les graminées apportent le feuillage et la texture nécessaires pour mener la prairie jusqu'en automne.

Une prairie sèche de boutelou gracieux (*Bouteloua gracilis*) et de stipe comateuse (*Hesperostipa comata*). La grande prairie commence à se transformer en un écosystème de montagne, où les clairières de graminées laissent la place à la forêt. Jardin du *Gods Natural Monument*, Colorado.

En montagne, jusque vers 1 500 m d'altitude, le pâturage séculaire sans apport d'engrais a également entraîné un appauvrissement des sols mais les problèmes d'érosion sont moindres et même nuls sur les plateaux. La pelouse à agrostis commun est la plus fréquente sur sol plus ou moins sec et continue à être pâturée. L'agrostis est très recouvrant grâce à ses nombreux rejets. Ses panicules fines et légères apparaissent tard en saison et nuancent leurs couleurs au fil de l'été et de l'automne ; elles perdurent, blanchâtres, tout l'hiver, ne ployant que sous le poids de la neige. Plus le sol et le climat sont humides, plus les joncs sont abondants, en particulier sur les versants

Les vestiges des anciennes grandes prairies du Midwest sont extrêmement rares. Les bisons sont vraiment les symboles de la grande prairie. *Shaw Nature Reserve*, Missouri.

Avant d'être bien comprise, la grande prairie était considérée comme improductive. En fait, le sol en est généralement profond, riche et fertile. *Snapper Prairie State Natural Area*, Wisconsin.

ouest exposés aux influences océaniques. Si le sol est tourbeux, les carex peuvent prendre une place assez importante. Enfin, s'ils est extrêmement appauvri, très acide et très humide, une graminée reste pratiquement la seule à occuper la place : c'est le nard raide. Cette graminée possède de nombreuses feuilles fines, alignées, serrées et raides comme les poils d'une brosse. En raison de son aspect, elle est nommée «poil de chien» dans certaines régions. Elle constitue de vastes pelouses, les nardaies, qui, dans les grands massifs, remontent jusqu'à plus de 2 300 m. Inutile de préciser qu'une telle graminée qui n'a ni intérêt fourrager ni intérêt horticole, n'est jamais cultivée !

Les versants sud, très ensoleillés, présentent entre 1 600 et 2 500 m d'altitude une végétation aussi belle qu'originale, constituée de grandes graminées en touffes volumineuses de plus de 1 m de hauteur : les calamagrostis. Ce sont de très belles plantes qui ondoient magnifiquement sous le vent au soleil. Quoi qu'elles s'adaptent bien à toutes sortes de terrains, les graminées indigènes ne sont que rarement utilisées en ornementation.

En remontant en altitude et jusqu'aux neiges éternelles, tant dans les Pyrénées que dans les Alpes, les pelouses sur sol acide sont rases et dominées, sur les versants nord, par le carex courbé tandis que sur les versants sud les fétuques prennent le pas.

Ces mêmes massifs, ainsi que le Jura, présentent des sols pauvres sur roches calcaires. Les prairies qui y sont installées, fauchées seulement tous les 2 ou 3 ans, sont remarquables par une graminée, la seslérie bleue, adaptée à de tels sols sur lesquels peu d'autres espèces peuvent pousser.

Pelouses pionnières

Sur un sol nu et pauvre, sur les sables ou sur les arènes, des petites plantes annuelles comprenant des graminées, s'installent spontanément et forment une pelouse clairsemée qui est la première à conquérir cet espace : il s'agit d'une pelouse pionnière. De très petites graminées, comme les canches annuelles bouclent leur cycle de vie en 2 ou 3 mois au printemps puis meurent jusqu'à l'année suivante. Leurs semences donneront de nouvelles germinations. Elles enrichissent progressivement le substrat de leur matière organique si bien que d'autres, plus exigeantes et à plus longue durée de vie (vivaces) peuvent s'installer progressivement. Dans la nature, cette première étape est essentielle pour une pelouse alors qu'en culture elle est occultée !

On peut observer de telles formations sur les sables des bords de rivière. Le corynéphore, avec ses touffes en forme de pompons d'un vert grisé très doux, est un des pionniers les plus remarquables. Sur les arènes granitiques, les petites canches annuelles et les vulpies sont nombreuses avant de céder la place aux agrostis et autres vivaces. Ces pelouses sont surtout un site passionnant pour l'observation de plantes naines, petits joyaux de la nature et pour comprendre comment, petit à petit, s'installent les plantes quand le jardinier n'intervient pas.

Certaines pelouses pionnières sont remises à nu fréquemment, par les eaux des rivières par exemple. Les graminées et autres plantes recommencent alors inlassablement leur sempiternel travail de conquête du sol. Les pelouses pionnières qui ne subissent plus de perturbation sont progressivement gagnées par les plantes vivaces.

Prairie alpine, *Rocky Mountain National Park*, Colorado. Les fleurs sauvages alpines et leurs hybrides sont largement disponibles dans les pépinières. Mais ce n'est qu'aujourd'hui que l'on trouve aussi facilement de vraies graminées alpines, indigènes, pour créer des prairies.

En automne, les premières pluies reverdissent les graminées de saison fraîche. Sous les arbres des forêts, les prairies font une belle toile de fond pour les feuillages de l'automne aux chaudes couleurs. *Big Tesuque Trail*, Forêt nationale de Santa Fe, Nouveau Mexique.

Pelouses en région méditerranéenne

La plus grande contrainte du climat méditerranéen pour les graminées est celle d'un été chaud et sec. Ce déficit en eau est aggravé par des sols extrêmement érodés du fait d'un surpâturage de longue durée associé à de violents orages. Les pelouses sont donc le plus souvent un patchwork de fragments de pelouses pionnières et de tapis plus denses de graminées. Les annuelles effectuent leur cycle de la fin de l'hiver à la fin du printemps ; elles germent même souvent en automne, saison de fortes pluies. Les vivaces, qui effectuent l'essentiel de leur croissance au printemps, sont adaptées aux étés chauds et secs par leurs feuilles très fines et par une vie ralentie. Une graminée d'origine méditerranéenne mais présente aussi ailleurs en France dans les sites secs et

ensoleillés est le pâturin vivipare qui, au lieu de graines, donne naissance à des plantules qui jouent le rôle de boutures en étant immédiatement répandues. Leur enracinement et leur survie tiennent à quelques pluies...

Sur les terrains siliceux, qui sont aussi acides, les graminées annuelles sont majoritaires et forment de fins gazons qui s'assèchent dès le mois de juin. Ils ne reverdiront qu'en automne. Sur les sols calcaires, qui sont en même temps basiques ou neutres, quelques graminées vivaces sont bien installées telles le brachypode rameux qui est constitué de nombreuses rosettes de feuilles filiformes.

Ces pelouses, pacagées pendant plusieurs siècles par les moutons et les chèvres sont presque toutes abandonnées depuis près d'un siècle. Elles ont cédé la place au maquis

Bien qu'éphémères, ces scènes printanières sont magnifiques. Dans des prairies paysagères, vous pouvez prolonger le spectacle en ajoutant des notes fleuries plus tardives. *Fort Hunter Liggett Reserve*, Californie.

À de très hautes altitudes, l'été peut être la saison la plus brillante. Une fois la neige fondue et les jours plus longs, de plus en plus de fleurs sauvages viennent à éclore. Grandes prairies, Forêt nationale d'Eldorado, Californie.

sur les sols siliceux, à la garrigue sur les sols calcaires. Ce sont maintenant les bois de chêne vert qui font disparaître ces végétations buissonnantes de haute réputation pour leurs parfums... Depuis longtemps, les graminées de pelouses ne subsistent plus que dans quelques clairières, lisières ou bords de chemins.

Pelouses littorales

En bord de mer, que ce soit dans le sol (prés salés) ou dans l'atmosphère (embruns), l'excès de sel empêche les graminées prairiales citées jusqu'ici de s'installer. Elles sont remplacées par d'autres, adaptées à cette situation. Sur les sols vaseux des prés salés, ce sont, par exemple, les spartines et les puccinellies qui prennent place. Beaucoup plus connues sont les graminées des dunes dont le rôle dans la fixation des sables est souvent évoqué. L'oyat est le plus notoire. Mais les chiendents avec des mètres et des mètres

de stolons horizontaux et verticaux qui créent un véritable treillage souterrain, sont tout aussi efficaces. Cette fonction stabilisatrice des axes souterrains des chiendents de bords de mer et de l'oyat est évidemment utilisée sur le littoral où, s'ajoutant aux embruns, les vents sont particulièrement violents.

À partir des exemples de prairies naturelles ou de pelouses citées dans ce chapitre, il sera assez souvent possible de les transposer dans les espaces de cultures aménagées ; à condition, bien sûr, de prendre en compte le maximum de paramètres (capacité d'adaptation des plantes choisies, nature du sol, climat, exposition, disponibilité en eau le cas échéant...) pour que la réussite de la prairie soit entière. Il est temps de retrouver un peu de notre héritage naturel. Repensons nos pelouses. Laissons, autant que faire se peut, la nature revenir dans nos vies. Créons des prairies paysagères.

Ironie du sort, ce sont les grandes prairies de Willamette, dans l'Oregon, jadis si belles, qui accueillent aujourd'hui la plupart de la production de graines pour gazon de l'Amérique. Les rares grandes prairies indigènes qui subsistent sont principalement des écosystèmes de terrain humide.

CHAPITRE 3

DES PRAIRIES À OBJECTIF PRÉCIS

Dans ce jardin, planter des graminées qui exigent beaucoup d'eau aurait été une erreur. Les plantes adaptées au lieu, en harmonie avec le paysage dans le lointain, s'inscrivent bien dans le site.

Bien sélectionnées, les graminées sont parfaites sur les pentes. Beaucoup donnent l'impression d'une eau dévalant une colline. Elles sont aussi intéressantes pour lutter contre l'érosion.

DES PRAIRIES BIEN PENSÉES non seulement résoudront vos problèmes de jardin mais vous apporteront le plaisir d'y être et la joie de la contemplation. Pour réussir une prairie paysagère, il faut prendre la nature comme partenaire, ce qui suppose de connaître très précisément votre site.

Maîtriser le site

La première tâche consiste à analyser soigneusement votre site. Commencez par en étudier la topographie : où se situent les pentes ? Comment se présentent-elles ? Sont-elles douces ? Abruptes ? Quels sont les éléments inamovibles du site ? Où se trouvent-ils ? Bâtiments, murs, barrières, allées pavées, patios et chemins, arbres adultes, arbustes et haies – tous ces éléments affectent la nature d'un site. À l'ombre d'arbres ou de murs exposés au nord, le sol sera plus frais et plus humide qu'un sol ouvert ou rarement à l'ombre. Un

substrat rocheux peut affleurer en surface. Des creux dans des zones immergées peuvent indiquer des zones mal drainées.

L'eau stagne-t-elle dans certaines zones, formant en permanence des conditions détrempées, marécageuses ? Ou bien ces zones sont-elles drainées de temps en temps ? Un site au sommet d'une colline sera plus facilement drainé, mais peut aussi être exposé à de forts vents dominants. La saison affecte aussi parfois le drainage d'un site ; on peut alors intégrer dans une prairie, de manière esthétique, des dépressions destinées à drainer le sol. Si le sol est constamment bien drainé, on peut créer des sentiers serpentant directement dans la prairie ; on peut aussi créer des sentiers flottants telles des passerelles ou des chemins de planches reliés par des ponts enjambant de profondes ravines, des dépressions marécageuses ou des cours d'eau.

Connaissant votre site, demandez-vous quel est votre objectif : pourquoi souhaitez-vous créer cette prairie ? Désirez-vous qu'elle soit vue de loin, dans de très grands jardins, par exemple ? Désirez-vous y marcher chaque jour ? Ce sera le cas dans des espaces plus restreints, si par exemple, vous transformez en prairie un jardin situé devant la maison et comprenant une pelouse traditionnelle, une allée vers le garage et une vers l'entrée de

L'échelle est importante : les grands jardins demandent de grandes plantes ou de larges traînées de très petites graminées. Voyez grand ou ne faites rien !

votre maison. La manière dont vous définirez votre objectif va influer sur le thème ou le style que vous adopterez, ainsi que vos plans et vos plantations. En ce sens, l'objectif fait partie intégrante d'une bonne conception, associant les données scientifiques concernant la localisation, la topographie, le climat, les conditions générales du site et la végétation existante. Pour autant, la prise en compte de tous ces facteurs ne limite pas vos perspectives. Jusqu'à un certain point seulement, une prairie peut être ce que vous désirez qu'elle soit. Créer une prairie suppose de concilier ce que vous désirez pour votre jardin et ce que la nature peut être dans votre jardin.

Travailler avec la nature paraît simple. Malheureusement, beaucoup de gens ignorent ce qu'est la nature, beaucoup de jardiniers ignorent tout de leur écosystème local, et cette méconnaissance peut avoir des conséquences néfastes sur la réussite d'une prairie. Il faut donc non seulement connaître votre site actuel, mais aussi son histoire. Chaque jardin, chaque partie de jardin, où qu'il soit, a été, avant votre arrivée, autre chose. D'anciens événements ont façonné le caractère actuel de votre terrain. Si vous pouviez remonter le temps, vous découvririez peut-être que votre jardin se trouvait sous les mers primitives, avec des couches et des couches de fonds marins, s'agglomérant lentement pour devenir du calcaire ; ou bien sous une épaisse nappe de glace, creusant un solide granit en moraine glaciaire. Redescendant le temps, des animaux peuvent avoir, en broutant, nettoyé le site de votre jardin ; il peut aussi avoir été utilisé pour produire des cultures utiles. Certains terrains ont pu, jusqu'à une époque relativement récente, ne pas avoir été perturbés par l'homme. Le passé immédiat compte également. Ainsi, de nombreux lotissements ont été construits sur des terres dont la couche arable a été retirée ou altérée, de sorte que le lotissement entier se trouve sur un sol « d'ingénierie », fortement compacté et dépourvu de composants naturels.

Type de sol

Pour éviter de créer des problèmes en réalisant votre prairie, il est nécessaire de connaître le type de votre sol. En effet, la tendance actuelle, fondée sur des principes écologiques, conseille de ne pas lutter contre le sol. Tenter de changer les sols, c'est travailler contre la nature. Nous préconisons au contraire un partenariat avec elle, consistant à adapter vos plans et vos plantations aux données de votre site.

Heureusement, la majorité des graminées tolère une large variété de sols, du sable à l'argile. Les sols sableux, composés de fines particules, manquent souvent de nutriments et de matière organique ; ils peuvent avoir besoin d'être fertilisés pour permettre aux plantes d'y pousser. Si votre sol est sableux et très drainant, choisissez des graminées qui prospèrent dans un sol sableux léger. Mais que faire si le sol est argileux et compacté ? Souvent les sols ont été compactés par de lourds matériels de nivellement, au cours de la construction de nouvelles maisons ou d'importantes restaurations d'anciennes demeures. Les sols argileux, plus lourds, restent plus longtemps mouillés après la pluie, et de nombreuses graminées s'y plaisent.

Si vous ne connaissez pas la nature de votre sol, ne vous inquiétez pas et demandez l'aide d'un professionnel. Les entreprises de paysagisme et les horticulteurs vous éviteront bien des soucis si vous faites appel à eux à temps. Une heure de consultation payée vous

(page précédente, en haut) Avec ses plantes de prairie variées, ce jardin en façade est bien meilleur pour l'environnement que la pelouse du voisin de l'autre côté de la rue.

(en bas) Les graminées et la pierre se marient naturellement : l'âpreté et le poids des roches sont contrebalancés par la douceur des graminées.

De nombreuses espèces de plantes prospèrent sous les climats secs, et alors même que certaines sont des plantes de jardins familières, dans les prairies elles prennent un tout autre caractère.

(page précédente, en haut) *Nassella tenuissima* est un bon choix pour les sols secs. Les graminées sont idéales pour adoucir des environnements âpres et secs.

(en bas) Les graminées indigènes sont une bonne option pour des sites côtiers.

Si la pelouse de votre voisin est pleine de graminées rampantes et envahissantes, vous pouvez avoir besoin de créer une barrière ou un *no man's land* pour protéger votre prairie de l'invasion.

épargnera du temps, de l'argent et le crève-cœur de voir mourir vos plantes. Un professionnel local connaîtra le type de votre sol et saura quelles plantes choisir et comment les cultiver. Les graminées poussent différemment selon les sols. Celles qui se plaisent dans le sable poussent plus lentement, celles qui aiment l'argile peuvent avoir besoin de plus d'eau. Lorsque les plantes sont torturées, contrairement à celles qui sont choyées, elles peuvent moins bien pousser et être plus courtes. Ce n'est pas nécessairement négatif, il faut juste le savoir.

Et ce sol, est-il mouillé ou sec ? Si un sol est naturellement sec, il peut être arrosé ; s'il est naturellement mouillé, il peut souvent être drainé. Il est préférable toutefois de planter les graminées dans des sols où elles prospèrent naturellement. Pourquoi drainer une surface mouillée lorsqu'il existe quantité de graminées qui aiment avoir les pieds dans l'eau ? Les ressources naturelles sont précieuses et de nombreuses régions connaissent sécheresses et pénuries d'eau. Un projet raisonnable devrait prendre en compte le fait que l'eau ne sera plus jamais abondante ou peu chère. Ce n'est pas parce que vous pouvez arroser tout votre saoul que vous devez le faire.

Apprenez à connaître les plantes qui poussent sur votre site

De nombreux jardiniers, désirant créer une prairie, observent leur terrain et n'y voient qu'une vieille pelouse agonisante. Êtes-vous sûr de votre diagnostic ? Les apparences sont parfois trompeuses et la nature aime se déguiser.

Supposons que vous m'invitiez à venir jeter un coup d'œil sur votre parcelle et que vous me consultiez pour votre projet de prairie. Nous commencerons par examiner votre vieille pelouse. Bien qu'elle semble n'être composée que d'un seul type de graminées – disons de la fétuque élevée –, on en trouve habituellement d'autres. Je trouverai peut-être une graminée invasive – chiendent, kikuyu ou souchet comestible, et peut-être aussi des liserons.

Connaître donne du pouvoir. C'est pourquoi connaître chaque plante de votre vieille pelouse est capital. Ce n'est pas si difficile, cela peut même devenir amusant ! Sinon, je le répète, faites appel à un professionnel.

Il est aussi important de savoir ce qui pousse dans le voisinage direct. Sorgho d'Alep, brome inerme, chiendent, bambou doré – divers ennemis peuvent se cacher dans tel jardin à l'aspect idyllique ou dans tel champ prétendument nettoyé. Vous le croyez vide, ou cultivé en toute innocuité, mais il peut abriter des graines de mauvaises herbes, des rhizomes, des stolons voire les trois. La manière d'éliminer les mauvaises herbes et de les maintenir à distance dépend de leur nature et du moment de l'année où vous vous proposez de créer votre prairie ou votre pelouse naturelle. Le chapitre 7 page 224 vous en apprendra davantage sur ce sujet.

Nassella viridula est envahissante. Vous pouvez décider de la laisser et de vous en débrouiller, plutôt que d'essayer de l'éliminer. Souvenez-vous : une mauvaise herbe est une plante qui n'est pas à sa place, tout simplement.

Des solutions aux problèmes naturels

J'ai créé des prairies dans divers lieux. Certaines posaient de véritables défis, dans les conditions extrêmes de la Death Valley, par exemple. Toutefois, sachant que les prairies peuvent être créées dans de nombreux types de sol, j'ai créé toute une gamme de styles et j'ai rencontré peu de sites posant des problèmes tels qu'ils ne pouvaient être résolus par une prairie.

Quelle que soit la taille de votre jardin, vous pouvez y créer une prairie : devant votre maison, à l'arrière, dans un terrain étroit, ou même sur un toit. Les prairies ne sont pas réservées aux propriétaires d'hectares vallonnés, et si vous avez un jardin en ville ou en banlieue, vous n'avez aucune raison de désespérer. Le jardin de mon ami et collègue Matt Moynihan montre comment créer une pelouse, riche, diverse et spectaculaire dans un espace relativement petit (pour en savoir plus sur ce jardin, voir chapitre 5 page 122). Les jardiniers confrontés à un vrai problème d'espace peuvent aussi créer de petites poches de prairies dans des conteneurs, où que ce soit. Choisissez les bonnes graminées, les bons composants, et la prairie prospérera dans n'importe quel décor, petit ou grand.

Si vous plantez des graminées sur une pente, utilisez des espèces plus tolérantes à la sécheresse au sommet et des espèces qui aiment l'humidité au pied. Vous pouvez aussi les planter plus serrées au sommet et plus espacées au pied.

(page précédente, en haut) Ce jardin à l'arrière de la maison, à Santa Monica, en Californie, est petit mais il contient malgré tout une belle prairie. La pelouse est faite de *Carex pansa*, de notes foliaires et fleuries, dont *Muhlenbergia* et de cannes à sucre (*Saccharum officinarum*).

(en bas) Une prairie de la taille d'un timbre-poste, avec des laîches et des fleurs sauvages indigènes. Les petites prairies peuvent devenir de grands espaces pour la contemplation et le repos.

Difficiles à tondre, les pentes et les flancs de collines coûtent cher en entretien s'ils sont transformés en pelouse ou en plantations traditionnelles. De nombreuses graminées peuvent pousser sur des pentes mais certaines sont plus adaptées que d'autres aux pentes raides, où l'eau s'écoule rapidement. Beaucoup de gens oublient une évidence : à savoir que les graminées au sommet d'une pente reçoivent moins d'eau que celles qui se trouvent au pied. Il vaut donc mieux sélectionner, pour les hauts de pente, des graminées tolérantes à la sécheresse, et pour les pieds de pente, d'autres variétés ayant besoin d'eau. Si vous plantez les mêmes variétés en haut et en pied de pente, elles pousseront différemment, en fonction du degré d'humidité. Certaines variétés de graminées apprécient les pentes ombragées.

Enfants, chiens et faune sauvage

Les chiens sont des animaux « territoriaux » qui aiment patrouiller dans leur domaine. Chiens (surtout les gros) et pelouses font rarement bon ménage. C'est pourquoi planter une prairie peut aussi être une bonne solution à ce problème. Pour permettre à votre chien de courir, pourquoi ne pas lui ménager un sentier de paillis et recouvrir le sol de très hautes graminées ? Avant de laisser les animaux circuler librement, il faudra laisser les graminées s'établir. Une prairie est tout de même plus agréable à regarder que des plaques boueuses dans une vilaine pelouse… Plusieurs espèces de graminées sont tolérantes aux sels et résistent bien à l'urine des chiens. *Zoysia, Paspalum* et *Distichlis* sont trois genres de graminées qui supportent la toxicité de l'urine canine.

Située judicieusement (elle peut sembler déplacée dans certains lieux et avec certains types d'architecture), une haute prairie offre un habitat naturel et accueillant pour la faune sauvage. Papillons, insectes et autres pollinisateurs vivent dans les sous-bois et de nombreuses espèces d'oiseaux aiment les prés de hautes herbes abondamment fleuries. Créez-en un et ils viendront.

Les enfants aiment les hautes prairies car c'est un milieu où ils peuvent jouer à se perdre, courir dans les sentiers étroits et se ménager des cachettes secrètes. Quant aux adultes, flâner dans les hautes graminées peut leur procurer un merveilleux sentiment de liberté. Pour une saison, ou même comme élément permanent du jardin, vous pouvez concevoir dans votre prairie un dédale de sentiers, voire un vrai labyrinthe. Enfin, les hautes prairies peuvent aussi masquer les défauts d'un site comme de vieux blocs de béton ou d'autres éléments inesthétiques, trop difficiles ou trop coûteux à supprimer. En ville, un jardin de graminées bien hautes peut aussi faire écran à un vilain voisinage.

(page suivante, en haut) Les chiens et les chats aiment les graminées. Veillez à choisir des variétés qui leur conviennent – les gros chiens ont souvent besoin de grandes graminées. Sur les pistes qu'ils empruntent, attendez qu'elles soient bien établies avant de les soumettre à un trafic intense.

(en bas) Observer les allées et venues des oiseaux est un vrai régal. Beaucoup de nos oiseaux chanteurs les plus précieux préfèrent les lisières des prairies et les écosystèmes de graminées.

Variations sur un thème

Quel que soit le site, une pelouse permet de brouiller les limites entre votre terrain et le vaste paysage qui l'entoure. De ce point de vue, les prairies constituent une parfaite transition entre un jardin et le paysage naturel – l'idéal consistant à ne plus distinguer où finit l'un et où commence l'autre.

Étant donné la myriade de graminées existantes et de plantes qui leur ressemblent, quelles que soient les conditions de votre site, vous pouvez obtenir le style de prairie que vous souhaitez. Pourquoi ne pas créer une prairie tropicale avec un feuillage et des

Cette pelouse de laîche espacée (*Carex remota*) se mêle en douceur à la végétation du littoral proche. Les graminées et les conifères sont une autre bonne association naturelle : leurs textures s'accordent parfaitement.

Les grandes feuilles de *Setaria palmifolia* bruissent lorsque la brise les agite. Les graminées à larges feuilles sont indispensables dans les jardins tropicaux.

D'un vert-jaune vif, *Sesleria autumnalis* est un couvre-sol qui ressort bien. Persistante et tolérante à la sécheresse, elle est belle tout au long de l'année. Minces et discrètes, ses inflorescences sont toujours soignées.

Dans le jardin de Scott Ogden et Lauren Springer-Ogden, dans le Colorado, de très hautes graminées et des vivaces étayent le verger. Des sentiers étroits et sinueux permettent de picorer des fruits tout en profitant de la prairie.

Les « rouleaux » de *Pennisetum* 'Fairy Tails' créent dans cette prairie un effet zen. Le choix d'une seule espèce pour de grandes plantations est parfois la solution parfaite. Les plantations simples sont souvent les plus belles.

(page suivante) Cette pelouse de laîches (*Carex pansa*) mordorées arbore sa couleur hivernale.

fleurs exotiques ? Graminées, palmes et cycas font bon ménage. Les graminées clairement tropicales comme le papyrus, *Setaria palmifolia* et *Thysanolaena latifolia*, sont de vaillantes habituées des prairies tropicales ; plantez *Setaria palmifolia*, un sous-étage de *Carex* et des « murs » de *Thysanolaena latifolia,* et votre prairie aura l'air de sortir tout droit des îles. De nombreuses autres graminées, dont celles originaires des latitudes nord très froides, peuvent aussi être utilisées pour créer des effets tropicaux renversants. Beaucoup ont des feuilles évoquant vivement les tropiques. Il est parfois difficile de dire exactement ce qui donne à une graminée une allure tropicale ; le port de la plante, la taille du feuillage, sa texture et sa couleur, tout joue un rôle important. Nombre de ces graminées ont une vie courte, deux ou trois saisons au plus, ou sont annuelles sous des climats plus froids. Beaucoup apprécient l'humidité, les tropiques étant généralement associés à la pluie.

Certaines graminées ont des caractéristiques foliaires permettant de donner à votre prairie une intensité particulière, en évoquant à la fois la fraîcheur de la végétation

GRAMINÉES POUR EFFETS FOLIAIRES

Ce sont des graminées aux couleurs autres que le vert.

Argent et bleues

Andropogon
Carex laxiculmis Bunny Blue
Elytrigia elongata
Eragrostis chloromelas
Eragrostis elliottii
Festuca
Helictotrichon sempervirens
Juncus patens 'Elk Blue'
Juncus polyanthemos
Leymus
Muhlenbergia emersleyi
Muhlenbergia lindheimeri
Panicum amarum
Paspalum quadrifarium
Sorghastrum nutans 'Sioux Blue'

Jaunes, or et blanches

Acorus gramineus 'Ogon'
Acorus gramineus 'Pusillus Aureus'
Alopecurus pratensis 'Aureus'
Arrhenatherum elatius var. *bulbosum* 'Variegatum'
Calamagrostis × *acutiflora* 'Avalanche'
Calamagrostis × *acutiflora* 'Overdam'
Carex dolichostachya 'Kaga Nishiki'
Carex oshimensis 'Evergold'
Carex siderosticha
Cortaderia selloana 'Gold Band'
Glyceria maxima 'Variegata'
Hakonechloa macra 'Aurea'
Luzula sylvatica 'Aurea'
Milium effusum 'Aureum'
Miscanthus
Phalaris arundinacea 'Feesey'
Phalaris arundinacea 'Luteopicta'
Phalaris arundinacea 'Picta'
Phalaris arundinacea 'Woods Dwarf'
Schoenoplectus tabernaemontani 'Albescens'

GRAMINÉES POUR EFFETS TROPICAUX

Celles-ci créent naturellement des effets tropicaux.

Carex (variétés à feuilles larges)
Cymbopogon
Cyperus
Eleocharis
Hakonechloa macra
Isolepis cernua
Juncus
Miscanthus (variétés à feuilles larges)
Paspalum quadrifarium
Paul's China Mystery Grass (*Neyraudia* spp.)
Rhynchospora latifolia
Saccharum officinarum
Setaria palmifolia
Thysanolaena latifolia

printanière et la chaleur cuivrée de l'automne. Les laîches de Nouvelle-Zélande offrent un bel exemple d'une telle diversité d'intensité foliaire : leurs gradations colorées, allant des orangés aux verts irisés jusqu'à d'étonnantes nuances de brun chocolat, de cuivre et de bronze, peuvent donner à un lieu une allure tropicale ; elles peuvent aussi, dans un lieu marqué par la sécheresse, s'inscrire dans un plan adapté à un tel environnement.

Pour les jardins sur le thème du désert, les prairies fonctionnent aussi très bien. Rien n'adoucit les formes géométriques un peu raides des cactus comme les graminées. Dans les jardins à thème western, les inflorescences nuageuses et la fine texture des graminées du désert font merveille.

Vous pouvez aussi créer des prairies comestibles ; asperges, artichauts, baies, rhubarbes et oignons peuvent être plantés parmi les graminées et le long des sentiers. Sur le chemin traversant votre prairie, vous pourrez vous promener en cueillant des tomates cerise ou en cherchant des fraises. Pourquoi pas ? Dans les vergers ou les vignes, les prairies forment un superbe sous-étage où l'on peut marcher, tout en donnant du charme au terrain. Sous les feuilles argentées des oliviers, essayez les graminées au feuillage argenté, et sous les pommiers, plantez les laîches aux feuilles vertes. Vous pouvez aussi faire l'inverse et jouer le contraste entre le feuillage des fruitiers et celui des graminées. À vous de choisir.

Si vous préférez un arrière-plan serein, contemplatif, vous pouvez créer une prairie de type zen et associer aux graminées des plantes asiatiques traditionnelles. Les éléments formels un peu raides des jardins japonais et chinois contrastent joliment avec la douceur floue des graminées. Mariez des bambous avec des pins et des graminées, vous obtiendrez un mélange délicieusement subtil de couleurs et de textures. Sans compter les changements de couleurs saisonniers qui donneront à votre prairie sa puissance et son charme particuliers.

Que penseriez-vous d'une prairie sur le thème du clair de lune, avec des graminées et des accents fleuris dans les jaunes, les ors et les blancs pour capter la lumière de la lune ? Un jardin doré animé de graminées aux teintes de jaune vert et de vert chartreuse, avec des accents fleuris jaune citron et blancs, scintillera sous la lune. Un feuillage argent accroîtra l'effet recherché. Bordez la prairie d'arbustes aux feuilles argentées et d'arbres aux feuilles brillantes : l'effet enchanteur est garanti.

Enfin, quel que soit le thème de votre pelouse, elle doit avoir un style bien à elle. La plupart des pelouses ayant 5 cm de haut, si vous désirez que votre prairie soit vraiment une prairie et n'ait pas l'air d'une pelouse ayant besoin d'être tondue, vous devez soigneusement la planifier. Elle doit clairement annoncer : « Je suis une prairie. » Les plus belles prairies ont entre 30 cm et 1,20 m de hauteur. N'ayez pas peur des hautes graminées ; plus elles sont hautes, mieux elles captent la lumière et le vent, et plus elles vous procureront du plaisir. Un des plus beaux objectifs qu'une prairie peut remplir.

Les fleurs de graminées qui dansent au-dessus du feuillage sont particulièrement efficaces pour capter la lumière.

CHAPITRE 4

METTRE L'ACCENT SUR LA CONCEPTION

Créer une prairie qui ait l'air complètement naturelle n'est pas aussi facile qu'il y paraît. Cette sublime prairie californienne réussit à paraître sereine et accueillante tout en intégrant des marches, des arbres, une maison, de gros rochers et une dépression marécageuse.

GRAMINÉES POUR COUPS DE PINCEAU VERTICAUX

Les graminées citées ci-dessous apportent de la verticalité aux plantations de prairie.

Andropogon
Bouteloua curtipendula
Calamagrostis × acutiflora
Elytrigia elongata
Juncus
Molinia
Muhlenbergia
Pennisetum spathiolatum
Saccharum ravennae
Schizachyrium scoparium
Schoenoplectus
Typha
Vetiveria zizanioides

MA FAÇON DE CONCEVOIR UNE PRAIRIE s'appuie sur deux principes : savoir ce que l'on veut (ne vous battez pas contre le site) et savoir où l'on va. Analyser le site (incorporer les meilleurs éléments du paysage dans le style de prairie que je crée) puis sélectionner les plantes pouvant prospérer dans les conditions du site, telles sont les clés de la réussite.

Réussir une prairie suppose de prendre de saines décisions horticoles. Il ne suffit pas, pour cela, de choisir les bonnes plantes et de les placer au bon endroit. Tel un musicien faisant ses gammes, le paysagiste doit connaître les plantes sur le bout des doigts. Quel est leur secret ? Comment y avoir accès ? Qu'apportent-elles de particulier ? À quel moment ? Pourquoi choisir telle plante pour telle prairie ?

Une prairie peut être sereine, verte, une autre foisonnant d'une myriade de fleurs aux couleurs exubérantes. Désirez-vous l'accorder au feuillage vert foncé des arbres et arbustes environnants ? *Carex divulsa*, de taille moyenne, remplira parfaitement cet office. Désirez-vous plutôt faire contraster leur sombre verdure avec un brillant jaune vert ? Essayez alors *Sesleria autumnalis*. Les graminées et les plantes herbacées n'offrent pas seulement une gamme phénoménale de verts ; certaines apporteront de subtiles nuances d'argent et de gris, d'audacieux rouge vif, des jaunes éclatants, des orange flamboyants. Dans une prairie, les couleurs, jamais statiques, ne cessent de jouer avec le soleil et l'ombre et changent avec les saisons, offrant des spectacles variés et des temps forts étincelants, le tout avec un minimum d'entretien après la plantation.

La forme, le port et le feuillage de chaque graminée se combinent avec les autres, de manière telle qu'elles s'influencent mutuellement et créent des qualités de textures différentes. L'effet visuel évoque le coup de pinceau de l'artiste. J'associe des graminées comme le peintre associe les couleurs, car je pense la prairie comme un tableau. Par exemple, prévoir des graminées au port vertical est comme un coup de pinceau dans la prairie, introduire de minces épis floraux en est un autre, choisir des graminées aux inflorescences ondoyantes un autre encore, qui apporte à la prairie la qualité diaphane et vaporeuse de l'aquarelle.

Graminées couvre-sols

Commencez par choisir vos graminées couvre-sols. Elles serviront de support à votre prairie, de cadre sur lequel les autres vont se fixer. Partout où c'est possible, utilisez de préférence les graminées originaires de votre région. En vous limitant à deux ou trois variétés de couvre-sols, vous ne risquez pas de vous tromper. Vous pourrez toujours en ajouter si vous trouvez que la prairie manque d'intensité. Vous pouvez aussi choisir plusieurs espèces d'un seul genre, comme *Carex* ou *Festuca*. Le pourcentage d'une variété dans un mélange de base varie souvent selon mes plantations. Les graminées de base sont pour la plupart des plantes de saison fraîche, persistantes et précieuses pour leur capacité à couvrir le sol. Leurs feuillages et leurs couleurs font leur force. Sous les climats très froids, beaucoup virent au bronze et entrent brusquement en dormance avec le froid, mais elles ne meurent pas comme les graminées de saison chaude. Les meilleures graminées de base vivent relativement longtemps et sont plutôt sobres au sens où elles ont rarement des fleurs spectaculaires ou exubérantes. Les graminées couvre-sols de saison fraîche reverdissent rapidement au printemps et sont déjà couvertes de feuilles et parfois de fleurs quand celles de la saison chaude commencent tout juste à pointer.

Connaître le comportement de chaque graminée est indispensable pour bien les marier. Une fois que vous avez compris les plantes, les associations sont infinies.

Le boutelou gracieux (*Bouteloua gracilis*) et l'herbe de bison (*Buchloe dactyloides*) forment la base de cette prairie avec, poussant parmi eux, des notes fleuries et de hautes graminées.

(page précédente, en haut) Cette prairie exploite le subtil contraste de textures entre *Festuca mairei* et *Pennisetum spathiolatum*. Les graminées qui se ressemblent sont de bonnes plantes compagnes. Associer trop de graminées, aux fleurs et aux feuillages différents, peut créer une impression de confusion.

(en bas) Dans cette scène, les fleurs semblent flotter au-dessus de la prairie, tandis que les graminées s'ancrent dans le site. Comme dans un bon tableau, les différents coups de pinceaux contribuent à créer des effets variés.

MEILLEURES GRAMINÉES COUVRE-SOLS

Les graminées citées ci-dessous sont mes graminées de base préférées. La plupart réussissent étonnamment bien dans la majorité des jardins.

Bouteloua gracilis
Brachypodium sylvaticum
Bromus benekenii
Carex
Deschampsia cespitosa
Festuca mairei
Leymus triticoides
Muhlenbergia
Pennisetum spathiolatum
Poa arachnifera
Schizachyrium scoparium
Sesleria

MEILLEURES GRAMINÉES POUR ARRIÈRE-PLAN

Toutes sont de hautes graminées pour toile de fond.

Arundo
Cortaderia selloana
Miscanthus
Muhlenbergia
Panicum virgatum
Paul's China Mystery Grass (*Neyraudia* spp.)
Pennisetum
Saccharum ravennae
Setaria palmifolia
Spartina bakeri
Sporobolus wrightii
Thysanolaena latifolia
Tripsacum dactyloides
Vetiveria zizanioides

Les graminées pourvues d'un feuillage et d'une texture similaires constituent de bonnes bases. De faibles différences entre elles créeront une impression de simplicité et de subtile complexité. En revanche, des textures trop différentes peuvent créer un malheureux patchwork et donner une impression de fouillis. De même, trop de fleurs trop différentes peuvent nuire à l'harmonie générale. Essayez d'associer des graminées dont les fleurs se ressemblent, comme *Festuca mairei* et *Pennisetum spathiolatum*.

Varier les couleurs et les textures des graminées de base est utile tant que l'effet général reste simple. Savoir comment pousse chaque espèce permet d'anticiper l'aspect de la prairie. Différentes graminées pouvant pousser à des vitesses différentes, leur répartition peut poser des problèmes délicats. Les graminées à pousse lente peuvent être plantées moins espacées et supprimées plus tard, pour ne pas être trop serrées.

Avec ses fleurs comme des plumes, l'herbe aux diamants (*Calamagrostis brachytricha*) est une graminée pour arrière-plan imposante, utile pour de spectaculaires scènes automnales.

Graminées d'arrière-plan

Les graminées d'arrière-plan servent à la fois à définir la prairie en tant qu'espace clos, à l'intégrer dans les plantations environnantes et à faire transition avec l'environnement. Elles permettent aussi de cacher des vues inesthétiques ou de masquer des défauts d'infrastructure. Comme elles sont très hautes, elles captent généralement bien la lumière et le mouvement. Mais elles ont besoin de beaucoup de place ; aussi, espacez-les comme il convient.

(page précédente, en haut) Laîche espacée (*Carex remota*). Cette graminée couvre-sol est simple mais efficace. Elle supporte le soleil aussi bien que l'ombre tant qu'elle a suffisamment d'humidité.

(en bas) *Pennisetum* 'Fairy Tails'.

Sesleria autumnalis apporte une touche de « chartreusité ». Son feuillage d'un jaune-vert vif en fait un bon bouche-trou parmi les autres graminées.

Graminées bouche-trous

Utilisées entre les graminées de base, pour recouvrir le sol jusqu'à ce que les graminées en touffes les éclipsent, les plantes bouche-trous à port très bas sont également utiles là où la prairie touche des allées. Planter des graminées hautes trop près des allées est une erreur courante, à éviter : lorsqu'elles s'affalent sur des dalles, elles ne sont pas jolies, et les couper risquent de détruire leur aspect naturel. Mieux vaut choisir, pour les bordures, des graminées à port bas, utiles aussi pour entourer les têtes d'arroseurs (les plus hautes risquant d'intercepter leur jet).

Les graminées bouche-trous peuvent être à vie courte, comme *Anthoxanthum,* ou à vie longue, comme *Carex* ou *Sesleria.* Les espèces à touffes très courtes reviennent plus cher que les espèces rampantes car elles doivent être plantées très serrées. Les semer permet de faire des économies, mais beaucoup d'entre elles doivent être plantées en mini-mottes ; elles coûtent donc plus cher au mètre carré que les graminées rampantes.

Sentiers

La prairie n'est pas seulement un espace planté de graminées à contempler de loin ; c'est aussi un lieu sensible où l'on pénètre. Toute prairie, si petite soit-elle, est une invitation à cette découverte sensible, même si elle est rarement entendue ; c'est pourquoi je prévois toujours un sentier permettant de s'y enfoncer.

Dans n'importe quel espace vert, jardin, prairie, la circulation est importante. Bien conçus, les sentiers enrichissent la perception de l'espace. Des sentiers étroits, avec des tours et des détours, créent surprise, suspense, impression de mystère ; ils obligent les visiteurs à marcher en file indienne pour découvrir des points de vue et admirer les caractères spécifiques de la prairie. De larges sentiers permettant à deux personnes ou plus de marcher de front procurent d'autres impressions. Un sentier se faufilant entre deux talus transforme le visiteur en insecte aux aguets. Les sentiers larges, indispensables à la circulation des véhicules utilitaires dans les très grands jardins, facilitent l'entretien. Ne vous étonnez pas si les créatures du jardin utilisent aussi vos sentiers. Dans les régions à serpents, élargir le sentier vous permettra de les voir. Dans les zones où la maladie de Lyme est endémique, des sentiers assez larges vous éviteront le contact avec les tiques transmettant la maladie. Pour empêcher les très grandes graminées de s'affaler et de boucher le passage, attachez-les à de minces tuteurs avec de la ficelle ou du fil de pêche ; des barrières d'acacias, de saules ou de bambous rendront le même service, de manière esthétique.

Pour vos sentiers, vous pouvez choisir différentes natures de surface : graminées tondues, écorces, pierres, paillis, graviers, dalles ou granit décomposé. Les rondins ou les pierres sont indiqués pour traverser des endroits boueux. Sentiers suspendus, chemins de planches sophistiqués faits sur mesure avec des garde-fous et des poteaux d'acier ou de béton, passerelles de simples rondins à face plate vous permettront de traverser les pelouses constamment mouillées, les marécages, les sites inondés.

Paillis et graviers peuvent être à la fois fonctionnels et esthétiques, gardant les pieds au sec et les chaussures propres ; les sentiers en graminées, se fondant davantage dans la pelouse, présentent l'avantage de conserver à la prairie son aspect naturel. On peut utiliser des graminées pour gazon, mais les rampantes risquent d'envahir la prairie et de vous

BONNES GRAMINÉES BOUCHE-TROUS

Acorus
Agrostis
Alopecurus (vulpin)
Anthoxanthum odoratum
Bouteloua gracilis
Briza media
Buchloe dactyloides
Carex
Eragrostis
Festuca rubra
Koeleria macrantha
Poa
Sesleria

Ce sentier de *Carex pansa* est flanqué de hautes graminées et de vivaces. Il ne demande que quelques tontes occasionnelles.

créer, à terme, des problèmes. Pour être beau, le gazon doit être soigné, tondu comme une pelouse traditionnelle, ce qui est cher et présente des inconvénients sur le plan environnemental. À cet égard, des sentiers en pelouse prairie constituent une meilleure solution.

Nombre de graminées odorantes ayant des propriétés médicinales, étaient autrefois utilisées comme remèdes et comme assaisonnements. On peut en planter près des sentiers pour marcher sur elles ou les frôler. Beaucoup de gens ignorant que certaines graminées sont parfumées, il est amusant d'observer les visiteurs marchant dans la prairie et essayant de deviner ce qui sent si bon. Placez ces graminées dans des endroits où on peut les toucher.

Un sentier de graminées peut être conçu comme un jardin en soi. Faites se faufiler *Aconis gramineus* dans un sentier de laîches et, quand vous marcherez dessus, vous

MEILLEURES GRAMINÉES ODORANTES

Acorus
Anthoxanthum odoratum
Cymbopogon citratus
Cymbopogon nardus
Hierochloe occidentalis
Hierochloe odorata
Sporobolus heterolepis

La laîche divergente (*Carex divulsa*) est la valeur sûre de nombreuses prairies que j'ai créées. Ses feuilles brillantes et arquées mettent bien en valeur les plantes fleuries.

respirerez un parfum semblant s'exhaler d'une source inconnue. *Anthoxanthum odoratum* (flouve odorante) exhale un fort parfum de foin fraîchement coupé. Frôlez en passant *Cymbopogon citratus* (citronnelle) et l'air se chargera d'une senteur d'agrume. Les sentiers de graminées vous mettront en contact plus personnellement avec la nature.

Les graminées à port bas, supportant à la fois le passage et la tonte, sont les plus indiquées pour les sentiers. Dans l'idéal, elles nécessitent de rares tontes. Les couvre-sols, elles, demandent à être coupées plusieurs fois par an, ce qui permet de les épaissir et de rajeunir leur feuillage. Partout, sauf dans les régions les plus chaudes, les graminées de saison fraîche et les laîches font les meilleurs sentiers.

Les sentiers de graminées peuvent aussi être agrémentés de variétés fleuries intenses, plantées soit sur les bords, soit sur le sentier lui-même. Chez nous, nous avons été élevés dans la peur de marcher sur les fleurs. À mon avis, nous devons changer notre façon de penser : s'il vous plaît, je vous en prie, marchez sur les fleurs dans vos sentiers de graminées ! Quand vous aurez fait cette expérience, vous comprendrez pourquoi nous devrions tous marcher plus gentiment sur la planète en général. Les bulbes à port bas (*Habranthus, Zephyranthus*), les vivaces à port bas comme *Phyla nodiflora* (verveine nodiflore) et les violas peuvent être mélangés aux graminées.

Et les graminées pour ces sentiers ? Quel vert choisir ? Ou quelles nuances de bleu ? La difficulté consiste à sélectionner des graminées rampantes pas trop envahissantes ou des graminées en touffes pas trop bosselées, pour éviter de s'y tordre la cheville. Les meilleures graminées en touffes pour sentiers doivent former un tapis, afin de pouvoir les fouler plus facilement. (Pour les listes de mes favorites, reportez-vous au paragraphe sur les pelouses naturelles du premier chapitre page 22.)

Notes particulières

Une fois vos graminées choisies et le problème des sentiers résolu, la prochaine étape est celle des notes particulières que vous allez choisir. Si les graminées de base (couvre-sols) forment le cadre de la prairie, ce sont ces notes – graminées, plantes herbacées, fleurs, bulbes, et même objets d'art – qui donnent son ton à la prairie. Les meilleures jouent avec les saisons ; bien conçue, votre prairie peut former une tapisserie ininterrompue, toujours changeante. Plus tard, vous pourrez procéder à certains ajouts, une fois la pelouse parvenue à maturité.

Des objets d'art bien placés peuvent s'intégrer au site aussi bien que les plantes. Qu'il s'agisse d'une sculpture ou même d'objets utiles (tels des sièges ou des bancs), songez à l'arrière-plan dont l'objet a besoin, d'où il sera vu. S'il doit être vu sous de nombreux angles et s'il est suffisamment grand, il peut aussi se dresser au-dessus de la pelouse sans avoir besoin d'un arrière-fond particulier. Suivant l'effet recherché, vous pouvez choisir des plantes dont les couleurs se marient ou, au contraire, contrastent avec celles de l'objet ou de son socle. Rien ne met mieux en valeur un objet d'art sophistiqué que la simplicité d'une prairie.

Les notes choisies peuvent être agencées de manière à donner tout leur éclat à telle ou telle saison, ou au contraire à offrir, tout au long de l'année, des moments d'intensité particuliers. Elles peuvent aussi s'intégrer dans un thème coloré. Je les utilise pour introduire telle couleur précise, et je les plante là où je souhaite un point fort particulier, à un moment particulier. La couleur peut être utilisée dans un but spécifique pour créer l'atmosphère que vous désirez, quand vous le désirez. Par exemple, les prairies peuvent être conçues pour avoir des notes froides au printemps et des couleurs chaudes en automne. Les climats méditerranéens peuvent avoir des fleurs de couleur toute l'année, même en hiver. Sous les climats froids, les prairies peuvent avoir besoin d'arbres, d'arbustes et de roches pour garder un intérêt en hiver.

Mon choix de plantes plus intenses peut être influencé par la façon dont la lumière, à tel endroit de la prairie, décline à certains moments de la journée. Porter à son maximum la luminosité des graminées est l'une des joies de la conception de prairie ; ainsi, l'éclairage à l'aube, de dos, d'*Austrostipa ramosissima,* ou bien les tons violents dont le soleil couchant pare *Eragrostis trichodes* donnent à un jardin une théâtralité saisissante. Les fleurs vaporeuses de certaines graminées captent magnifiquement la lumière, donnant à la prairie une qualité indéfinissable. Utilisez ce groupe de graminées pour adoucir la prairie. Les très hautes duveteuses en particulier sont superbes aux lisières et brouillent la transition entre les zones formelles et informelles.

Une prairie paysagère bien conçue est pourvue de graminées fleurissant toute la saison. Pensez aux nombreuses graminées dotées de têtes fleuries : elles sont particulièrement intéressantes. Si vous choisissez différentes graminées à fleurs pour rythmer votre prairie, ne multipliez pas trop les types de fleurs : trop de formes différentes peuvent donner l'impression d'un manque de cohésion. Il vaut mieux s'en tenir, par exemple, à une succession de différents épis fleuris ; vous associerez ainsi complexité et continuité. Pour plus de détails sur la saison de floraison, reportez-vous aux descriptions du chapitre 6 page 168.

GRAMINÉES À FLEURS ONDOYANTES OU VAPOREUSES

Ces graminées créent des effets diaphanes, flous.

Aristida purpurea
Blepharoneuron tricholepis
Briza media
Calamagrostis brachytricha
Deschampsia
Eragrostis
Melica
Melinis
Miscanthus
Muhlenbergia
Nassella
Panicum virgatum
Sporobolus

Carex texensis. Cette laîche se plaît dans la plupart des jardins des littoraux américains. Mieux dans une ombre partielle, elle fait une belle pelouse naturelle.

Ici rouge pâle, sa couleur automnale, *Schizachyrium scoparium* est une note colorée qui attire le regard et un beau couvre-sol. Son feuillage prend différentes couleurs, du bleu au vert. De nombreuses variétés nommées existent et des génotypes locaux peuvent être disponibles dans votre région.

Le feuillage herbacé de certains bulbes, comme cet ail ornemental (*Allium maximowiczii*), en font des notes saisonnières indispensables dans les prairies. Souvenez-vous que ces aulx ont une puissante odeur lorsqu'on les écrase, aussi plantez-les loin des sentiers.

Contrairement à beaucoup d'autres plantes dans le jardin, les graminées ne sont pas en rivalité avec les sculptures. Leur feuillage peut se marier ou contraster avec une œuvre d'art.

Le feuillage vert chartreuse et les fleurs violettes de l'éphémère de Virginie (*Tradescantia 'Sweet Kate'*) apportent une forte note colorée pendant la plus grande partie de l'été. Argent ou or, les plantes de prairie sont spectaculaires sous les ciels gris ou par les nuits de clair de lune.

(page suivante, en haut) La lumière automnale fait ressortir le chaud éclat de l'élyme lancéolé (*Elymus lanceolatus*), du boutelou gracieux (*Bouteloua gracilis*) et de l'herbe de bison (*Buchloe dactyloides*). L'automne est un moment magique dans la prairie, quand les graminées opèrent leurs subtils changements.

(en bas) Bien qu'elle puisse se ressemer de façon agressive dans certaines situations, aucune autre graminée ne rayonne comme l'orge à crinière (*Hordeum jubatum*). Ses fleurs réclament la caresse.

GRAMINÉES AUX INFLORESCENCES INTÉRESSANTES

Achnatherum
Andropogon
Aristida purpurea
Bothriochloa barbinodis
Bouteloua gracilis
Briza media
Calamagrostis
Carex pendula
Cortaderia
Deschampsia cespitosa
Eragrostis
Melica
Melinis
Milium effusum
Miscanthus
Molinia
Muhlenbergia
Nassella
Panicum virgatum
Pennisetum
Phleum pratense
Schizachyrium scoparium
Sporobolus
Stipa gigantea

Existe-t-il une graminée plus versatile que le boutelou gracieux (*Bouteloua gracilis*) ? Dur comme la pierre, il peut faire une pelouse naturelle ou une prairie.

(page suivante en haut) Les changements saisonniers, subis par les graminées, font que certaines peuvent être vert vif tandis que d'autres ont déjà revêtu leur couleur automnale, brune ou dorée.

(en bas) Les couleurs verdoyantes de la prairie au printemps en font ma saison préférée. Voici mon ancien jardin de Pomona, en Californie. Avec sa floraison précoce, Rosa 'Sally Holmes' fait une superbe toile de fond pour les graminées.

Notes saisonnières

Les graminées arborent toutes les nuances de vert imaginables : du vert chartreuse vif aux verts foncés les plus sombres ; des verts moyens au bleu vert et argenté. Toutefois, le feuillage des graminées changeant avec la saison, il convient d'anticiper la manière dont les changements de saison affecteront votre composition. La première explosion de la nouvelle végétation est souvent, pour toutes les plantes, la plus étonnante ; à cet égard, les graminées ne font pas exception. Leur feuillage de début de saison est souvent très vif et très brillant, avec une nouvelle végétation incroyablement irisée. Mais lorsque les feuilles vieillissent, leurs nuances s'assombrissent et deviennent plus ternes. Au printemps, lorsqu'il pointe, le feuillage de certaines graminées se teinte de rose et de rouge. D'autres arborent des panachures crème, blanches ou jaunes, très prononcées lorsqu'elles apparaissent, mais qui pâlissent avec l'avancement de la saison. Nombre de graminées de saison fraîche ont au printemps un superbe feuillage qui décline quand les plantes mettent toute leur énergie dans la floraison, puis se fane. Les mettre au premier plan est une erreur courante, car en été et en automne, elles n'auront plus si bel aspect. Il vaut mieux les utiliser plus loin dans la prairie, où d'autres graminées cacheront leurs feuilles d'été sans charme.

L'été s'acheminant vers l'automne, les graminées de base du jardin virent vers les teintes éphémères de l'automne, prenant alors toutes les nuances d'orange, de jaunes ou de rouges imaginables. Certaines graminées, après les riches couleurs automnales, prennent rapidement les couleurs sèches de l'hiver ; d'autres, comme *Schizachyrium scoparium,* conservent leur couleur tout l'hiver, même lorsqu'elles se dessèchent. Certaines n'ont qu'une couleur : jaune, orange ou rouge. D'autres connaissent toutes les variations du spectre automnal,

(à gauche) La couleur rose, en automne, de *Eragrostis elliottii* se teinte de pourpre et même de nuances orangées. Ces effets foliaires sont magiques. La couleur automnale peut être apportée par touches subtiles ou en larges traînées.

(à droite) Par contraste, la prairie de *Sporobolus heterolepis* est d'un vert jaune en automne.

Panicum virgatum (panic érigé) par exemple ; l'espèce botanique peut être surtout jaune alors que les variétés nommées offrent des rouges et des pourpres. Beaucoup de ces clones rougis ne produiront pas de lignées de graines fidèles et leur progéniture pourra présenter différentes couleurs, changeant progressivement l'allure de la prairie.

Les graminées de saison chaude aux couleurs automnales peuvent apporter des notes merveilleuses à une prairie. Sous les climats doux méditerranéens ou subtropicaux, de nombreuses graminées de saison fraîche, au lieu d'être en dormance et desséchées, constitueront des points forts en automne et en hiver. *Vetiveria zizanioides* rougeoie et l'extrémité de ses feuilles boucle comme les serpentins du nouvel an. *Eragrostis elliottii* vire du bleu métallique à une couleur presque irréelle de gaz enflammé, infusé de pourpre prune et d'orange. Les pelouses de laîches deviennent d'un cuivre flamboyant si les gels sont sévères. Ces effets foliaires changeants font partie de la magie de la prairie. Modulez le choix de vos graminées en fonction de leurs couleurs et n'oubliez pas celles qui offrent à l'automne, lorsqu'elles sont éclairées de dos par la lumière du petit matin ou du soir, des spectacles colorés littéralement enchanteurs.

GRAMINÉES AUX BEAUX EFFETS SAISONNIERS (COULEURS AUTOMNALES ET HIVERNALES)

Andropogon
Imperata cylindrica 'Rubra'
Miscanthus
Molinia
Panicum
Pennisetum
Schizachyrium
Sporobolus
Themeda
Vetiveria zizanioides

Les silhouettes des graminées de saison chaude peuvent illuminer un jardin en hiver. De nombreux oiseaux vont se nourrir de leurs graines pendant l'automne et l'hiver et collecter des matériaux pour leurs nids au début du printemps.

Le feuillage d'hiver varie suivant les régions. Sous les climats froids, l'hiver, la plupart des graminées, dormantes, sont brunes. Même les graminées de saison fraîche sont détruites par des températures glaciales. Les laîches restent brunes ou cuivrées tandis que les graminées de saison chaude meurent. Celles qui survivent, si elles ne sont pas couvertes par la neige, ont de subtils accents de blanc, de brun voire de noir. Étrangement, parfois, les couleurs les plus chaudes du jardin hivernal viennent des graminées sèches captant la lumière rasante des ciels chargés de janvier. Les graminées résistant à l'hiver et à la neige peuvent rehausser l'intérêt des jardins qui, autrement, seraient endormis. Par exemple, alors que les premières fortes pluies ou les neiges mouillées rabattent sur le sol les très grandes *Molinia,* beaucoup de variétés de *Miscanthus* restent debout après un rude hiver de neige et de pluie.

Bulbes, astéracées et autres douceurs

Les notes les plus intéressantes qui ne sont pas des graminées – et que j'appelle les douceurs de la prairie – sont les plantes qui se marient bien avec les graminées et apportent

(à gauche) Formidablement robuste, *Vernonia noveboracensis*, une des « douceurs » de la prairie, attire les papillons. Les nouvelles variétés de cette grande plante à fleurs, superbe en arrière-plan, s'offrent constamment en spectacle.

(à droite) Les hémérocalles (*Hemerocallis*) sont parfaites dans une prairie. Beaucoup d'entre elles ont un feuillage qui peut perdre tout attrait mais la prairie cache ces défauts. J'aime les variétés naines parmi les courtes graminées et celles au long pédoncule parmi les très hautes graminées. Les hémérocalles à feuillage caduc et celles de type araignée conviennent particulièrement bien aux prairies.

un caractère spécial à la prairie. Ce peut être une fleur ou une capsule de graines, la couleur des tiges ou le parfum d'un feuillage. Les douceurs changeantes de la prairie peuvent être tondues et refleurissent lorsqu'on les coupe. Vous pouvez en planter dans les sentiers de graminées traversant la prairie. Elles ont beaucoup de points communs avec les graminées. Les vivaces, avec leurs tiges minces comme des fils par exemple, sont indispensables car elles plient sous le vent comme les graminées. *Gaura lindheimeri*, dont les minces tiges deviennent d'un rouge pourpre en automne et en hiver, en est un parfait exemple. Ses fleurs roses ou blanches flottent comme les papillons qu'elles attirent parmi les graminées. Les annuelles et les vivaces à port bas, au feuillage et aux fleurs intéressantes (*Ajuga, Ranunculus*), sont aussi très efficaces, intégrées dans la prairie. Beaucoup des meilleurs éléments secondaires ont un feuillage basal court qui se cache dans les graminées, et des fleurs jaillissant au-dessus des graminées ou à leur hauteur – les heucheras, par exemple. Une prairie est l'endroit idéal où planter les grandes hémérocalles (*Hemerocallis*) et d'autres plantes dont le feuillage se marie bien avec les graminées, comme *Agapanthus,*

Le bugle (*Ajuga*) est parfaitement à l'aise dans une prairie. Il existe de nombres formes sélectionnées avec des fleurs et des types de feuillage différents. On peut les tondre.

Agave à queue-de-renard (*Agave attenuata*) dans un jardin prairie de dunes. Les plantes succulentes sont les compagnes naturelles des graminées ; leur étonnant feuillage contraste joliment avec les fines textures de celles-ci. En fait, la plupart de nos précieuses succulentes sont originaires des écosystèmes de graminées.

Nolinia, Yucca, Hesperaloe, Restio, Ophiopogon, Liriope, Dasylirion, Lomandra, Ephedra. Parsemée ou plantée en groupe, toute plante au feuillage herbacé, qu'il soit étroit ou large, peut se sentir chez elle dans une prairie. Si ce livre devait donner la liste de toutes mes « douceurs » favorites pour chaque région, les lecteurs n'auraient pas assez d'une grande brouette pour le porter. Pour simplifier, voici à grands traits les principales, les meilleures, dans différentes familles de plantes ; nombre d'entre elles ont des espèces ou des variétés naturelles mieux adaptées que d'autres à votre région. Sachez que ces variétés peuvent varier considérablement quant à la couleur, la hauteur, la saison et la longévité.

Une prairie sans bulbes est à peine une prairie. La plupart de nos bulbes proviennent, ce qui ne surprendra personne, d'écosystèmes de graminées. *Crocus* vient des steppes turques, *Croscomia* du veld sud-africain, *Camassia* des grandes prairies nord-américaines. Tous peuvent trouver asile dans une prairie. Soigneusement conçue, celle-ci peut avoir

des bulbes fleuris pratiquement en toute saison. C'est particulièrement vrai des prairies méditerranéennes. Wayne Roderick, géant dans le domaine des bulbes, possède une prairie entièrement composée de feuillage de bulbes. De nombreuses plantes à bulbe méditerranéennes ont un feuillage qui disparaît complètement dans celui des graminées de la prairie. Pour un effet plus naturel, recherchez les espèces botaniques ou les croisements d'espèces qui se naturalisent. Certains bulbes outrancièrement hybridés, comme les amaryllis et les lys, peuvent être trop voyants ou sophistiqués pour ce type de plantation.

Les bulbes, mais aussi les plantes à tubercules ou à cormes, donnent plus rapidement à la prairie un air mature. Entre les touffes des hautes graminées d'arrière-plan, ils forment d'excellents bouche-trous, notamment ceux qui poussent activement quand les graminées sont coupées. Après la floraison, les plantes à bulbe se retirent, ayant donné à

Chondropetalum tectorum appartient à un groupe de plantes herbacées, les restios. Ces nouvelles beautés nous viennent des prairies méditerranéennes ; ce sont à la fois des plantes compactes, de hautes plantes pour arrière-plan et des spécimens à planter isolément.

(page précédente, en haut) L'étonnante prairie de Wayne Roderick est presque entièrement composée de bulbes. Sous un climat méditerranéen, il y a des bulbes en fleurs et en feuillage tout au long de l'année. Orchestrée avec un soin méticuleux, la couleur des bulbes peut caracoler à travers toutes les saisons.

(page précédente, en bas) Les *Zephyrantes* sont originaires d'Amérique du Nord et d'Amérique du Sud. Elles présentent de nombreuses couleurs et beaucoup sont tolérantes à la sécheresse.

(à gauche) *Triteleia laxa*, une parente des lys, originaire de l'ouest de l'Amérique du Nord. Les bulbes de l'Ouest américain sont souvent les joyaux de la couronne des jardins européens.
C'est étonnant de voir si peu de ces bulbes dans les jardins de l'Ouest américain, d'autant qu'ils sont nombreux à être originaires des prairies sèches.

(à droite) *Allium cernuum* est un bulbe facile et résistant pour les jardins prairies. Ses têtes fleuries inclinées ont un charme particulier. De nombreuses variétés colorées sont disponibles.

BULBES POUR PRAIRIES NATURELLES TEMPÉRÉES ET PRAIRIES COURTES

Ces bulbes à port bas se marient bien avec des graminées et des laîches courtes.

Chionodoxa (gloire des neiges). Floraison à la fin de l'hiver et au début du printemps. Bleue, pourpre, blanche.

Colchicum (colchique). Floraison automnale. Rose, blanche.

Crocus (crocus). Fleurs printanières et automnales. Nombreuses espèces, variétés et couleurs.

Freesia. Nombreuses variétés, large gamme de couleurs. Parfumé.

Galanthus (perce-neige). Fleurs blanches à la fin de l'hiver.

Hyacinthoides (jacinthe). Fleurs printanières. Bleues, blanches, roses.

Ipheion. Fleurit du début à la fin du printemps. Bleu, blanc.

Muscari. Fleurs printanières. Bleues, pourpres, blanches.

Narcissus (jonquille). Formes naines. Excellente pour apporter de la couleur au printemps. Parfumée.

Oxalis. Nombreuses couleurs de fleurs et de feuillage.

Scilla (scille). Formes naines. Fleurit au début du printemps. Bleu, pourpre.

Scilla peruviana, la scille du Pérou, est un bulbe méditerranéen. Robuste et fiable, c'est un de mes bulbes préférés. Il est intéressant à la fois en spécimen
et en larges groupes.

BULBES POUR PRAIRIES NATURELLES, CHAUDES ET SÈCHES, ET PRAIRIES COURTES

Ces bulbes sont magnifiques sous les climats chauds.

Allium (ail ornemental). Formes très courtes. Fleurit du printemps à la fin de l'automne dans de nombreuses couleurs.

Babiana (fleur de babouin). Fleurs printanières. Bleues, pourpres, blanches.

Calochortus. Nombreuses variétés. Blanches, orange, crème.

Lachenalia. Nombreuses variétés. Fleurit au printemps et en été. Blanche, jaune.

Ledebouria. Nombreuses variétés, la plupart aux feuilles striées ou tachetées. Fleurs printanières vertes, blanches ou jaunes.

Rhodophiala. Fleurs rouges en automne.

Sparaxis. Nombreuses variétés et couleurs. Fleurit en été. Couleurs chaudes.

Tritonia. Nombreuses variétés, fleurs en été dans des couleurs chaudes pour la plupart.

BULBES POUR PRAIRIES DE TAILLE MOYENNE

Allium (ail ornemental). Nombreuses couleurs, plusieurs moments de floraison.

Camassia. Pour lieux très humides. Fleurit à la fin du printemps. Bleu, rose, blanc.

Fritillaria. Printemps. Jaune, orange, verte, pourpre.

Narcissus (jonquille). Printemps. Nombreuses variétés, la plupart blanches ou jaunes, certaines parfumées.

Ornithogalum. Fleurit à la fin du printemps et en été. Blanc, jaune.

Tulipa (tulipe). Printemps. Nombreuses espèces, variétés et couleurs.

Zantedeschia (arum). Eté. Nombreuses espèces, nombreuses couleurs.

BULBES POUR TRÈS HAUTES PRAIRIES MÉDITERRANÉENNES

Albuca. Nombreuses variétés, fleurs blanches en été.

Amaryllis. Nombreuses variétés, fleurs au printemps et en été. Nombreuses couleurs.

Asphodeline (asphodèle). Nombreuses variétés, fleurs en été. Blanches, jaunes.

Bulbinella. Fleurs jaunes au printemps et en hiver.

Chasmanthe. Fleurit en hiver. Orange, jaune.

Crocosmia (montbrétia). Nombreuses variétés. Fleurit en été. Orange, rouge.

Cypella. Nombreuses variétés, fleurit en été. Jaune, bleu.

Eremurus (lys des steppes). Imposants épis floraux en été. Orange, jaunes, blancs.

Gladiolus. Nombreuses variétés. Fleurit en été dans une large gamme de couleurs.

Moraea. Fleurs en été. Bleues, blanches, pourpre.

Urginea maritima. Fleurs blanches en été.

BULBES POUR PRAIRIES TROPICALES

Ces vivaces à bulbes ou à tubercules apportent des notes fleuries et foliaires d'aspect tropical dans une prairie de ce style. Certaines sont résistantes sous des climats très frais, alors que d'autres doivent être déterrées et passer l'hiver dans un endroit à l'abri du gel pour être replantées à la saison suivante. Beaucoup sont parfaites aussi comme plantes en pot.

Begonia. Nombreuses variétés, fleurit en été dans toute une gamme de couleurs.

Canna. De haute taille, très beau feuillage coloré et fleurs en été de couleurs très variées.

Colocasia. Nombreuses couleurs foliaires, certaines avec des panachures et des marques spectaculaires.

Crinum. Lys de haute taille qui fleurit en été. Blanc, rose.

Haemanthus. Fleurs en été. Rouges, orange.

Hedychium (gingembre). Fleurs parfumées en été. Crème, jaunes.

Hippeastrum. Nombreuses variétés et couleurs, fleurs en été.

Veltheimia. Fleurs roses en été.

Xanthosoma. Plante au magnifique feuillage en été.

Achillea 'Moonshine' n'est qu'une achillée parmi les douzaines qui peuvent faire rayonner une prairie. Elles sont aussi indispensables pour attirer la faune sauvage – les papillons de jour et ceux de nuit ne leur résistent pas. Elles présentent une large gamme de couleurs de fleurs et de feuillage qui vont de l'argent au gris.

la fois des fleurs et des feuilles rehaussant l'intérêt de la prairie en attendant la nouvelle végétation. Bien qu'un nombre surprenant de bulbes populaires soient disponibles en conteneur et peuvent être achetés via Internet à des pépinières toute l'année, la plupart ne sont disponibles qu'en automne et il vaut mieux les commander en été, quand les stocks des pépinières sont pleins et que les plus grandes tailles sont disponibles. Pour plus de renseignements sur la programmation et d'autres aspects pratiques, voir le chapitre 7 page 224.

(à gauche) *Liatris ligulistylis* est résistante et bien adaptée aux prairies.

(à droite) *Silphium trifoliatum*. Les variétés de *Silphium* vont des formes compactes à de très hautes, la plupart dans des nuances de jaune. Toutes ou presque sont faciles à cultiver.

LES MEILLEURES ASTERACÉES POUR PRAIRIES

Recherchez les astéracées, indigènes et exogènes, qui prospèrent dans votre région.

Achillea (achillée). Nombreuses variétés dans toute une gamme de couleurs, fleurit de l'été à la fin de l'automne.

Aster. Nombreuses variétés, fleurit du printemps à la fin de l'automne.

Bidens. Pousse naturellement dans de nombreux herbages américains.

Chrysanthemum. Plantes dressées. Nombreuses variétés, large gamme de couleurs de fleurs.

Echinacea (échinacée). Vivace aux couleurs vives, fleurit en été.

Echinops (chardon bleu). Solides têtes fleuries, globuleuses et hérissées.

Erigeron (vergerette). Genre d'astéracées qui vont de moyennes à très courtes, du printemps à la fin de l'automne.

Eupatorium (eupatoire), *E. purpureum* (eupatoire pourpre). De très haute taille.

Grindelia (grindélie). Fleurit en été.

Helenium (hélénie). Nombreuses variétés.

Helianthus (tournesol). De très haute taille.

Inula. Robuste, la plupart de très haute taille, fleurs en été.

Liatris. Fleurit en été.

Ratibida (chapeau mexicain). Fortes tiges ligneuses portant au printemps et en été des fleurs aux cœurs remarquables.

Rudbeckia (rudbeckie).Variétés dans une toute une gamme de hauteurs et de couleurs.

Solidago (verge d'or). Robuste.

ASTERACÉES POUR PRAIRIES MÉDITERRANÉENNES

Ces astéracées sont vivaces sous les climats doux méditerranéens et supportent la chaleur et la sécheresse.

Argyranthemum. Fleurs au printemps, en été et en automne.

Artemisia (armoise, absinthe, herbe aux vers). Feuillage argent, fleurit au printemps et en été.

Cotula. A port très bas, feuillage argenté, fleurs au printemps et en été.

Encelia. Fleurit au printemps et en été.

Erigeron (particulièrement *E. glaucus*). Fleurs au printemps et en été.

Euryops. Feuillage plumeux, fleurs au printemps et en été.

Felicia (pâquerette bleue). Fleurs au printemps et en été.

Gazania. Fleurs en été.

Montanoa. Fleurs blanches. Pour arrière-plan de haute taille.

Osteospermum. Nombreuses variétés aux couleurs variées, tout au long de l'année.

Santolina. Feuillage argent ou vert avec des fleurs en été.

Tagetes (œillet d'Inde). Nombreuses variétés aux floraisons hivernales et printanières.

Tanacetum. Feuillage plumeux d'un vert argenté ou pâle.

Ratibida columnifera est une de ces fleurs qui attirent irrésistiblement les enfants. Elle fleurit longtemps et prospère sous les climats chauds et secs.

La carotte (*Daucus carota*) est une inconditionnelle des prairies. Et comment celles-ci pourraient-elles se passer de ses têtes fleuries aériennes autour desquelles volettent les papillons ? Ses tendances à se naturaliser ne sont pas nécessairement mauvaises.

Si les bulbes sont délicieux, les membres de la famille des astéracées (Asteraceae) sont vraiment les valeurs sûres de la prairie, car elles s'adaptent dans une large gamme de conditions. Tandis que la plupart préfèrent les situations ensoleillées, d'autres se plaisent à l'ombre. On en trouve des miniatures, comme *Bellis perennis,* qui peuvent supporter d'être tondues dans les pelouses naturelles, et des géants comme *Helianthus angustifolius*, qui peut atteindre 4,80 m de haut. La plupart des astéracées attirent les papillons et autres pollinisateurs dans votre jardin, et ceux-ci à leur tour attirent les oiseaux, qui feront chanter votre prairie.

De nombreuses vivaces peu communes, difficiles à planter dans des massifs de vivaces traditionnelles, produisent un effet magnifique dans une prairie. Les Apiaceae, ou famille des carottes, en comportent quelques exemples, dont *Daucus carota* (carotte), courante dans les terrains herbeux. Aucune autre fleur, peut-être, n'évoque aussi bien la prairie. Il existe aussi de superbes ombellifères, dont certaines se ressèment tandis que d'autres constituent de belles décorations, soit individuellement, soit en groupes en formant de

OMBELLIFÈRES POUR PRAIRIES

Aegopodium (herbe aux goutteux). Bon couvre-sol.

Angelica. Géant sculptural, bien comme spécimen ou en arrière-plan.

Anthriscus (cerfeuil). Hauteur moyenne, de 60 à 90 cm.

Astrantia (astrance). Hauteur moyenne, de 60 à 90 cm.

Daucus carota (carotte). Hauteur moyenne, de 60 à 90 cm.

Eryngium. Hauteur moyenne, de 60 à 90 cm.

Ferula communis (férule commune). De haute taille, bien comme spécimen ou en arrière-plan.

Foeniculum (fenouil). De haute taille, bien comme spécimen ou en arrière-plan.

Hydrocotyle. Bon couvre-sol.

Myrrhis odorata (cerfeuil musqué, cerfeuil d'Espagne). De haute taille, bien comme spécimen ou en arrière-plan.

Pimpinella. Hauteur moyenne, de 60 à 90 cm.

Eryngium planum. Avec leurs fleurs comme celles des chardons, les panicauts sont des partenaires naturels des graminées. Ils arborent des teintes métalliques de bleu, pourpre et blanc et beaucoup sont attrayants même secs. La plupart sont tolérants à la sécheresse et attirent les insectes.

PENSTEMONS ET PLANTES DE LA MÊME FAMILLE POUR PRAIRIES

Castilleja (castilléjie).
Chelone (galane). Blanc, rose, bleu.
Diplacus aurantiacus. Orange, jaune.
Mimulus (mimule). Jaune, orange, rouge.
Penstemon barbatus. Rose, corail.
Penstemon 'Blue Midnight'. Bleu.
Penstemon cobaea. Pourpre.
Penstemon digitalis. Bleu, blanc.
Penstemon × gloxinioides. Nombreuses variétés et couleurs.
Penstemon grandiflorus. Bleu, blanc.
Penstemon parryi. Rose rougeâtre.
Penstemon pinifolius. Rouge, orange, jaune.
Penstemon pseudospectabilis. Rose à pourpre.
Penstemon rostriflorus (Bridge's penstemon). Rouge.
Penstemon strictus. Bleu, pourpre.
Penstemon superbus. Rose à rouge.
Penstemon tubiflorus. Blanc.
Penstemon virens. Bleu.
Veronica (véronique). Nombreuses variétés. Bleu, pourpre, rose, blanc.
Veronicastrum virginicum (véronicastre de Virginie). Rose, pourpre, blanche.

Penstemon strictus. De plus en plus de variétés et d'hybrides nommés vont être proposés dans les pépinières. La plupart ont une longue floraison.

hauts arrière-plans. Les étranges capsules de graines et les bractées colorées des chardons apportent des accents d'une architecture particulièrement merveilleuse ; ces vivaces peu utilisées se trouvent sous les climats froids, tropicaux, méditerranéens et désertiques. Les fenouils sont spectaculaires, avec leur feuillage aromatique qui ressemble à celui des fougères, et leurs fleurs vert chartreuse. Souvent, les ombellifères se trouvent déjà sur le site ; construire une prairie autour d'elles est souvent une meilleure solution que d'essayer de les éradiquer. La plupart poussent dans des lieux détrempés.

Panayoti Kelaidis, des *Denver Botanic Gardens*, surnomme les penstemons « enfants des steppes ». Il est certain qu'aucune prairie de désert ou de région d'altitude sèche ne peut se passer de ce genre endémique de l'Amérique du Nord. Ils associent souvent à un beau feuillage des fleurs luxuriantes dans des coloris surprenants – des teintes vibrantes attirant le regard, nuances chatoyantes et sublimes, des plus violentes aux plus douces.

Pestemon rostriflorus. Les penstemons apportent une couleur précieuse aux prairies sèches. Leurs couleurs peuvent être électriques. Et plus encore, beaucoup prospèrent quand on les néglige.

Magnifique *Penstemon cobaea*. L'éclat et la luminosité des fleurs de penstemon sont parfois à couper le souffle. Les tiges florales s'inclinent souvent sous le poids des bourdons visiteurs.

(à gauche) *Salvia spathacea* est chez elle dans les lieux secs. Les hauts « vaisseaux spatiaux » des fleurs rouge pâle attirent les oiseaux de près et de loin. Cette sauge se plaît en compagnie des muhlenbergies (*Muhlenbergia*) et des *Nassella*.

(à droite) *Salvia sclarea*, la sauge sclarée, forme de hauts candélabres de fleurs roses. De nombreuses sauges sont résistantes aux chevreuils, aux lapins et ont un feuillage parfumé.

Tandis que certains ont une vie courte – deux ou trois ans – beaucoup se naturalisent et se propagent. Comme d'autres « douceurs » déjà mentionnées, les penstemons et leurs cousins varient en taille, allant des miniatures jusqu'à des tiges fleuries atteignant 90 à 120 cm cm de haut. Véronicastre de Virginie, *Mimulus aurantiacus* et beaucoup d'autres tolèrent des conditions humides ; la plupart font merveille dans les prairies chaudes et sèches. Toutes ont besoin d'un bon drainage.

Les sauges (*Salvia*) et les vivaces liées à la famille de la menthe (*Lamiaceae*) forment un autre groupe de douceurs fleuries d'un caractère exemplaire. Bien que la plupart préfèrent des sites ensoleillés et très secs, bien drainants, il existe une sauge pour tous les sols : dans la nature, les sauges sont présentes depuis les côtes très exposées jusqu'aux déserts et aux montagnes alpines. Leur variabilité se reflète à la fois dans leurs fleurs, de

(page suivante) *Agastache cana*, l'hysope sauvage, est une plante à toute épreuve qui apporte une jolie note fleurie aux prairies. De nombreuses nouvelles variétés et hybrides sont maintenant proposés à la vente. Ils sont résistants aux chevreuils et aux lapins et attirent les papillons.

SAUGES ET PLANTES DE LA MÊME FAMILLE POUR PRAIRIES

Agastache 'Ava'. De haute taille, rose pâle. Bien en toile de fond, à la lisière des prairies.

Agastache cana (agastache argentée). Rose.

Ajuga. Nombreuses sortes de feuillage pour prairies courtes. Bleu, pourpre.

Lamium (lamier). Pour prairies courtes. Blanc, rose.

Monarda (monarde). Pour prairies humides. Rouge, blanche, pourpre.

Physostegia. Pour prairies humides. Blanc, rose.

Prunella (brunelle). Pour prairies courtes et humides. Pourpre.

Salvia apiana (sauge blanche). Pour prairies chaudes et sèches. Blanche.

Salvia azurea (sauge des prairies). Pour prairies chaudes et sèches. Bleue.

Salvia clevelandii (sauge de Californie). Pour arrière-fond et lisière des prairies. Bleue.

Salvia coccinea (sauge écarlate). Pour prairies chaudes et sèches. Rouge.

Salvia greggii. Pour prairies chaudes et sèches. Rouge, crème, rose.

Salvia guaranitica (sauge guarani). Tolérante à la sécheresse. Pour arrière-plan et lisière des prairies. Bleue.

Salvia leucantha. Pour arrière-plan, lisière des prairies, jardins secs. Pourpre.

Salvia lyrata. Pour prairies courtes. Bleue.

Salvia nemorosa. Pour prairies courtes. Bleue.

Salvia repens. Pour prairies courtes. Bleue.

Salvia reptans. Pour prairies chaudes et sèches. Bleu cobalt.

Salvia sclarea (sauge sclarée). Tolérante à la sécheresse. bleu lilas à bleu lavande.

Salvia spathacea. Magenta à rouge rosé.

Salvia uliginosa. Originaire des herbages humides, bien en lisière ou en arrière-plan des prairies humides. Bleue.

FOUGÈRES POUR PRAIRIES

Adiantum. Pour petits espaces.

Athyrium. Le feuillage marie l'argent et le vert, pour petits espaces.

Blechnum. Pour petits espaces.

Cheilanthes. Argent et vertes, pour petits espaces.

Cibotium. De haute taille, bien en arrière-plan.

Cyathea (fougère arborescente d'Australie). Bon arrière-plan de haute taille.

Dennstaedtia. Devient jaune à l'automne.

Dicksonia (fougère arborescente de Nouvelle-Zélande). Bon arrière-plan de haute taille.

Dryopteris. Bien en grandes masses.

Marsilea (marsilée). Différents tons d'argent et de verts, pousse dans l'eau.

Matteuccia struthiopteris (fougère autruche). Bien en masse.

Onoclea sensibilis. Bien en masse.

Osmunda (osmonde). Supporte le soleil si a suffisamment d'humidité. Couleur automnale, de l'orange au rouge.

Pellaea (pelléa). Différents tons d'argent et de verts. Pour petits espaces.

Polypodium. Bien en masse.

Polystichum. Bien en masse.

Pteridium (fougère aigle). Dormante en période de sécheresse.

Pteris. Différents tons d'argent et de verts.

Woodwardia. De haute taille, bien en arrière-plan.

Athyrium niponicum var. *pictum*. L'association de graminées, de laîches et de fougères est trop souvent dédaignée – c'est étrange, car dans la nature on les trouve souvent ensemble.

toutes les couleurs imaginables, et dans leurs tailles allant de 15-25 cm à 1,20-1,80 m. Les grandes sauges sont particulièrement utilisées en arrière-plan et comme notes de transition aux lisières des prairies. Beaucoup sont des annuelles dans les climats froids, mais elles poussent si facilement que même annuelles, elles sont intéressantes dans la prairie. La plupart sont résistantes aux cervidés et aux lapins. Créant des effets tropicaux spectaculaires dans de calmes sous-bois, les fougères apportent une note naturelle aux prairies ombragées et aux bords de prairies. Beaucoup forment de vastes colonies qui s'harmonisent avec les textures des graminées et des laîches ; souvent caduques, elles colorent à l'automne le plan le plus bas de la prairie, et aussi au printemps lors de la nouvelle végétation. Lorsque les nouvelles feuilles se déroulent, leurs frondes produisent des effets architecturaux uniques. Les fougères et les graminées peuvent devenir les associations emblématiques d'un jardin – il est difficile de comprendre pourquoi ce n'est pas encore le cas. Les fougères varient des miniatures, comme l'adiante haute de quelques centimètres, aux arbres fougères géants pouvant atteindre 6 à 9 m. Certaines sont solitaires et en touffes, d'autres se propagent pour former de grandes colonies. Les fougères en touffes courtes peuvent être plantées dans des zones ombragées humides ou près des pelouses de laîches ; celles qui forment des colonies peuvent être utilisées en masse ou en bancs dans

Polystichum, une fougère, avec *Nassella tenuissima*. Cette prairie plantée de fougères et de graminées est plus tolérante à la sécheresse qu'on pourrait le penser.

des prairies de hautes graminées. Beaucoup sont de vigoureux couvre-sols, particulièrement dans les lieux ombragés et humides ; d'autres, comme les *Cheilanthes,* tolèrent la chaleur brûlante et l'air sec du désert, tant que l'humidité et le drainage au niveau des racines sont suffisants. Les fougères originaires d'Amérique du Nord se trouvent à la fois dans la nature et dans les prairies paysagères. Si vous envisagez d'en mettre dans la vôtre, recherchez celles qui sont originaires de votre région et de son climat particulier.

Les iris et les graminées vont bien ensemble aussi. Les fines lames des iris se marient parfaitement avec les graminées. On trouve des iris, depuis les espèces miniatures jusqu'aux géantes qui se plaisent dans le sable ou l'argile, sous presque tous les climats, sur les pentes sèches ou dans les zones marécageuses. La famille des iris (Iridaceae), assez vaste, comporte de nombreux genres intéressants pour une prairie, en particulier, le plus important peut-être, le genre *Sisyrinchium,* dont les fleurs étoilées s'adapteront à de nombreux types de prairies. Tous ont des fleurs remarquables ; si la majorité préfère le plein soleil, certains peuvent pousser dans une ombre légère à modérée. Les hybrides barbus courants font bon effet avec d'autres fleurs souples, et on les utilise souvent ; mais les iris, originaires ou adaptés à votre région, accompagneront mieux les graminées. Les miniatures agrémentent à ravir les pelouses naturelles. Et les très grands iris apporteront à votre prairie de superbes accents, avec de grandes graminées en arrière-plan. Il est parfois difficile de trouver un large choix d'iris dans les pépinières générales ; vous en trouverez plus facilement à votre goût dans les pépinières spécialisées.

IRIS ET PLANTES DE LA MÊME FAMILLE POUR PRAIRIES

Belamcanda (iris tigré). De 30 à 60 cm. Orange, jaune, rouge, rose.

Dierama (canne à pêche des anges). De 90 cm et plus. Blanche, rose, pourpre.

Iris confusa (iris confusa). Tolère l'ombre. Blanc bleuté.

Iris cristata (iris à crête). Tolère l'ombre, de 10 à 25 cm. Bleu, pourpre, blanc.

Iris danfordiae. De 10 à 30 cm. Jaune.

Iris douglasiana. Nombreuses variétés, supporte l'ombre, 30 à 60 cm. Bleu, pourpre, blanc.

Iris ensata. 90 cm et plus. Nombreuses variétés multicolores.

Iris foetidissima (iris gigot). La plupart supporte l'ombre. De 30 à 60 cm. Vert bruni.

Iris innominata. De 30 à 60 cm. Bleu, pourpre.

Iris japonica (iris du Japon). Supporte l'ombre. Bleu, blanc.

Iris laevigata. 90 cm et plus. Nombreuses variétés.

Iris latifolia (iris des Pyrénées). Parent de nombreux iris de Hollande, de 30 à 60 cm. Bleu, blanc.

Iris missouriensis (iris du Missouri). De 30 à 60 cm. Bleu, pourpre.

Iris reticulata (iris réticulé). De 10 à 30 cm. Bleu, pourpre, blanc, bicolore.

Iris setosa (iris petit pétale). De 30 à 60 cm. Bleu, pourpre.

Iris sibirica (iris de Sibérie). 90 cm et plus. Multicolore.

Iris spuria (iris des steppes). 90 cm et plus. Jaune, blanc, bleu, bicolore.

Iris tectorum. Supporte l'ombre, de 30 à 60 cm. Blanc bleuté.

Ixia. De 10 à 30 cm. Orange, jaune, rouge, pêche.

Nemastylis geminiflora. De 10 à 30 cm. Bleu, blanc, pourpre.

Neomarica. Supporte l'ombre. 90 cm et plus. Pourpre et blanc.

Orthrosanthus. De 10 à 30 cm. Bleu.

Sisyrinchium. De 10 à 30 cm. Bleu, blanc, pourpre, jaune.

Tigridia. De 30 à 60 cm. Rouge, orange.

Watsonia humilis. De 30 à 60 cm. Rose, orange, magenta.

Iris douglasiana. Les iris de l'ouest de l'Amérique du Nord ont été de plus en plus hybridés et, aujourd'hui, il existe de nombreux nouveaux cultivars. Certains ressemblent à des orchidées, par leur forme, leur nervation et leur couleur. Ils sont un enchantement dans une prairie.

Sisyrinchium. Avec leur feuillage herbacé, les *Sisyrinchium* sont de charmantes petites notes saisonnières. Leurs fleurs sont bleues, pourpres, jaunes ou blanches. Leur feuillage varie du vert à l'argent. Beaucoup sont tolérantes à la sécheresse.

PAVOTS POUR PRAIRIES

Argemone (argémone). Bonne tolérance à la chaleur et à la sécheresse. Blanc.

Eomecon. Supporte l'ombre. Blanc.

Eschscholzia californica (pavot de Californie). Nombreuses variétés. Blanc, rose, crème, orange, rouge.

Eschscholzia californica subsp. *mexicana* (pavot jaune de Californie). Bonne tolérance à la chaleur. Jaune, orange.

Macleaya cordata (bocconie cordée). Blanche. Bien pour de hautes toiles de fond.

Meconopsis (pavot bleu de l'Himalaya). Nombreuses variétés, supportent l'ombre. Bleu, pourpre, blanc, jaune.

Papaver nudicaule (pavot d'Islande). Jaune, orange, pêche, rose, rouge.

Papaver orientale (pavot d'Orient). A besoin d'un peu de froid en hiver pour bien pousser. Rouge, blanc, rose, noir, bicolore.

Papaver rhoeas (coquelicot). Rouge, blanc, marron, orange.

Papaver somniferum (pavot à opium). Rouge, blanc, rose.

Romneya coulteri (Matilija poppy). Blanc.

Sanguinaria (sanguinaire du Canada). Accepte l'ombre. Blanc, rose.

Le pavot de Californie (*Eschscholzia californica*) est une fleur réellement très aimée. Récemment, de nombreuses nouvelles variétés colorées et d'autres espèces d'*Eschscholzia* sont devenues disponibles. Leur gaîté les rend irrésistibles.

Les pavots font partie des éléments les plus appréciés pour les prairies. Leur magie provient de leur manière de capter la lumière : une masse de pavots, mêlés aux capsules de graines des graminées, se balançant au gré du vent sur leurs minces tiges, est un spectacle fascinant. La plupart sont des vivaces à vie courte ou des annuelles, qui vont des miniatures à des plantes imposantes ; certains pavots de grande taille (*Romneya coulteri, Macleaya cordata*) forment de bons arrière-plans à des vagues de graminées. Les pavots se plaisent mieux dans des prairies sèches et ensoleillées, même si certains supportent l'ombre. Leurs fleurs irrésistibles ont différentes couleurs, de l'orange électrique à des rouges, en passant par des jaunes, des roses et des pourpres. Certains ont des fleurs blanches, d'autres des fleurs sombres, presque noires. La plupart fleurissent au printemps ou en été. Beaucoup s'établissent facilement à partir des graines et sont résistants aux cervidés.

Enfin, aucune prairie n'existe sans renoncules. La plupart des membres des Ranunculaceae, originaires des vrais herbages, sont particulièrement adaptés aux prairies. Certains se plaisent à l'ombre, d'autres supportent le plein soleil. La plupart des espèces *Ranunculus* réclament des sites humides, mais certaines peuvent tolérer une sécheresse saisonnière. Si certaines (*Ranunculus repens,* par exemple) se propagent de façon redoutable, la plupart se montrent de bonne compagnie. Le charme simple des renoncules est indéniable et leur gamme de couleurs et leurs formes en font d'excellentes partenaires pour la plupart des prairies. Beaucoup sont des plantes familières des jardins, comme les dauphinelles, les hellébores, les ancolies et les anémones ; c'est pourquoi les jardiniers sont plus habitués à les voir dans des massifs de vivaces traditionnels que dans des prairies. La période de floraison des renoncules est large ; les hellébores produisent même des fleurs en hiver, dans une gamme de couleurs allant du blanc au noir en passant par des verts, des roses, des jaune crème et des presque rouges.

Anemone x *hybrida* est indispensable comme note fleurie, à l'automne, dans une prairie ombragée. Juste au moment où la plupart des autres fleurs se retirent, cette anémone lance vers le ciel ses fleurs portées sur de très fines tiges.

Les renoncules les plus polyvalentes sont les grimpantes ligneuses ou vivaces des *Clematis*, utiles dans toutes sortes de situations, se faufilant et rampant à travers les graminées, et possédant aussi d'intéressantes capsules de graines. La couleur et la forme des fleurs varient aussi, allant de bouquets de petites fleurs à de larges fleurs de 15 à 18 cm de large. Comme pour bien des « douceurs », les espèces botaniques paraîtront beaucoup plus naturelles dans la plupart des prairies.

Ancolie bleue à fleurs précoces (*Aquilegia caerulea*). Les ancolies sont des composantes polyvalentes des prairies et se présentent sous toute une variété de formes et de couleurs. Même si les hybrides sont précieux, les espèces indigènes non améliorées ont également leur charme.

LES RENONCULES POUR PRAIRIES

Aconitum (aconit). Aime l'ombre. Jaune, rose, blanc, pourpre, bleu.

Actaea. Aime l'ombre. Blanche.

Anemone blanda (anémone de Grèce). À port bas, aime le soleil, floraison printanière. Rouge, rose, blanche, pourpre, bleue.

Anemone coronaria (anémone couronnée). Aime le soleil, fleurit au printemps. Rouge, rose, blanche, pourpre, bleue.

Anemone hupehensis var. *japonica*, *A.* × *hybrida* (anémone du Japon). Aime l'ombre, fleurit en automne. Blanche, rose.

Aquilegia (ancolie). Aime l'ombre. Rose, blanche, orange, jaune, rouge cramoisi.

Cimicifuga. Aime l'ombre. Blanche, rose.

Clematis tangutica. Jaune.

Clematis terniflora. Blanche.

Clematis texensis. Rouge cramoisi.

Clematis virginiana (clématite de Virginie). Blanche.

Consolida ajacis (dauphinelle cultivée). Bleue, pourpre, blanche.

Delphinium cardinale (pied d'alouette cardinale). Orange, rouge.

Delphinium elatum (pied d'alouette élevé). Bleu, pourpre, blanc.

Helleborus (hellébore). Fleurit en hiver, aime l'ombre. Blanc, vert, rose, jaune, noir. Beaux effets foliaires aussi.

Hepatica (hépatique). Aime l'ombre. Blanche.

Pulsatilla (pulsatille). Aime le soleil. Blanche, bleue, rose, pourpre.

Ranunculus aconitifolius (renoncule à feuilles d'aconit). Se naturalise bien. Jaune, blanche.

Ranunculus cortusifolius. Se naturalise bien. Tolérante à la sécheresse. Jaune.

Ranunculus ficaria (ficaire). Se naturalise bien. Jaune, blanche. Certaines formes ont un intéressant feuillage sombre.

Ranunculus gramineus (renoncule à feuilles de graminée). Se naturalise bien. Feuilles argent, fleurs jaunes.

Ranunculus repens (bouton d'or). Se naturalise bien. Jaune. Il existe aussi des formes au feuillage doré.

Thalictrum (pigamon). Aime l'ombre. Associez les formes de haute taille avec de grandes graminées. Jaune, blanche, rose, pourpre.

CHAPITRE 5

UN PORTE-FOLIO DE JARDINS PRAIRIES

Un jardin prairie de laîches tondues à Arcadia, en Californie. Les notes saisonnières peuvent aussi bien être des plantes herbacées que des vivaces à fleurs. L'acore (*Acorus*), vert pâle, exhale un doux parfum lorsqu'on le froisse ou qu'on marche dessus.

Dans ce jardin en façade, la pelouse se compose de *Carex texensis* et de *Carex pansa*. Parsemée de bulbes printaniers, elle n'est tondue que quelques fois par an. La photo la montre en automne.

Qu'il est difficile de choisir dans la gamme impressionnante de graminées et de plantes herbacées aujourd'hui disponibles ! Et qu'il est difficile aussi de savoir comment les associer ! Ces questions en tête, voici quelques exemples de prairies paysagères réussies. Certaines sont petites, d'autres grandes ; certaines sont simples et apaisantes, d'autres riches en couleurs et en complexités. Toutefois, chacune constitue un bel exemple illustrant nombre de points clés développés dans ce livre.

Vous savez maintenant à quel point il est important d'étudier la manière dont votre prairie s'inscrit dans le site. Certaines ont des « portes » et des « fenêtres », certaines des bâtiments à l'arrière-plan, d'autres des arbres et les cieux du paysage alentour. Chacune s'adapte de façon unique à sa localisation, son climat et son cadre. Toutes ne se trouvent pas dans votre région mais elles respectent les mêmes principes sous-jacents qui président à la conception réussie d'une belle prairie. Tous ces jardins, en tant que prairies paysagères, ont un objectif précis. Ce jardin d'ouverture montre comment des pelouses de laîches peuvent remplacer un gazon conventionnel tout en étant belles et fonctionnelles. On peut planter une pelouse et des massifs de vivaces avec des laîches naturelles sans sacrifier la beauté. Ici, *Carex texensis*, à port bas, est mélangé à *Carex pansa* pour créer la pelouse. Elle est tondue trois ou quatre fois par an, ce qui permet aux bulbes de fleurir et de disparaître, tout en lui apportant une note fleurie.

Plantation sur pente conçue par Christine London, Los Angeles, Californie

Les graminées se plaisent bien sur des terrains en pente et, bien choisies, elles prospèrent sous le couvert des arbres. Les nappes gracieuses de graminées et de laîches s'accordent bien avec les formes sculpturales et l'atmosphère dramatique des chênes-lièges originels. La simplicité de la prairie offre une toile parfaite aux ombres changeantes qui s'y projettent. En limitant le choix des graminées à des couvre-sols au doux feuillage vert et aux fleurs subtiles, la paysagiste Christine London a obtenu un effet général d'une fraîcheur apaisante. Les graminées couvre-sols sont majoritairement *Carex divulsa*, *Carex texensis* et *Sesleria autumnalis*. Des gerbes de *Juncus polyanthemos* ponctuent la prairie de notes plus intenses. La simplicité de cette prairie s'accorde avec le modernisme de la maison et de la terrasse.

Cette pente, dans un canyon de Los Angeles, principalement plantée de laîches (*Carex*) et de *Sesleria autumnalis*, est ponctuée de *Juncus polyanthemos*, en notes foliaires. La simplicité de la plantation n'appelle pas de fleurs.

Couleur d'automne dans le jardin de Dave Fross. Les rouges et les verts se marient toujours bien. Ajoutez une touche d'argent (due à la générosité de *Helictotrichon sempervirens*, l'avoine vivace) et voilà !

Dave Fross, *Native Sons Nursery*, Arroyo Grande, Californie

Dave Fross est le propriétaire de *Native Sons Nursery*, à Arroyo Grande, en Californie, non loin de la côte. Alors qu'il aurait pu remplir son jardin de centaines de plantes vivaces à fleurs fabuleuses, je trouve rafraîchissant qu'il ait opté pour un jardin prairie, paisible et riche en textures.

Les brouillards côtiers se lèvent et s'installent sur le jardin et sur la pépinière, y répandant leur magie particulière. Les laîches, qui jouent ici un grand rôle, offrent de subtils changements de couleurs et de textures, depuis les verts sombres de *Carex divulsa* ou orangés de *Carex testacea* en passant par les cuivres et les bronzes de *Carex flagellifera*. D'autres notes sont apportées par l'éclat chaud d'*Anemanthele lessoniana* et les gris striés de *Muhlenbergia rigens*. Les taches brillantes des pavots de Californie (*Eschscholzia californica*) et les sobres nuages des fleurs des heucheras ajoutent de petites touches de couleur, comme l'argent et le bleu des fétuques de *Helictotrichon* et de *Leymus*. Toutes se marient exceptionnellement bien avec les bronzes et les verts sombres de la palette végétale. C'est un jardin à forte tendance indigène, avec de beaux accents méditerranéens. Les chambres du jardin de graminées, reliées entre elles par des cordons de laîches, sont chacune uniques et conçues en fonction de l'ombre projetée sur elles par les arbres.

Des lins de Nouvelle-Zélande (*Phormium*) et l'écorce d'un arbousier américain (*Arbutus menziesii*) bordent ce sentier de sombres accents. Les graminées orange et cuivrées se marient de façon exquise avec ces couleurs presque noires. Bonheur chocolaté !

Leymus condensatus 'Canyon Prince' joue un rôle majeur dans ce jardin. Ses lames bleu argent se faufilent le long du sentier. Dans la brume ou le brouillard, le ciel et la prairie ne font qu'un.

Dans ce jardin très chaud de la Napa Valley, des bulbes fleuris et des vivaces à port bas évoquent une prairie de montagne. Le jardin est plus tolérant à la chaleur et à la sécheresse qu'il n'y paraît.

Jardin de Hess Winery, Napa, Californie

J'ai créé ce jardin en collaboration avec le paysagiste Peter Walker de Berkeley, en Californie. Il s'agissait d'un vrai défi : créer une « prairie alpine » pour Donald Hess, qui vient de Suisse, dans un jardin de la Napa Valley, chaude et sèche. Walker, moderniste notoire, imaginait une prairie découpée par des sentiers anguleux en granit décomposé, formant un quadrillage surimposé sur la plantation de style prairie.

La base de la prairie est composée de *Carex remota* et *C. texensis.* Les notes particulières sont nombreuses, avec une prédominance de bulbes et de vivaces méditerranéens qui, sous ce climat, peuvent offrir des fleurs presque toute l'année. Certains bulbes, comme *Ixia, Babiana, Scilla, Ipheion, Narcissus, Cypella* fleurissent puis fanent avec la saison. Les graminées à fleurs que j'appelle « douceurs » sont peu nombreuses, juste assez pour

ajouter un peu d'éclat : *Briza media* (brize) et *Deschampsia cespitosa* (canche cespiteuse) créent un nuage flouté au-dessus du feuillage des laîches de base. *Schizachyrium scoparium* 'The Blues' donne de forts coups de pinceau lorsque son feuillage bleu métallique vire au rouge orangé en automne et en hiver.

Les fleurs de géraniums et de clématites jaillissent des patiences sanguines (*Rumex sanguineus*) veinées de rouge, à port bas, naturalisées à travers la prairie, se mêlant aux taches de chardons bleu électrique. Papillons et abeilles animent la scène. J'ai sélectionné des vivaces à port bas (*Scabiosa, Gaura*) dont les fleurs semblent s'élancer vers le ciel, car elles se marient particulièrement bien avec les graminées. C'est pourquoi je les introduis souvent dans mes prairies.

La prairie est découpée en bandes séparées par des sentiers de granit décomposé. C'est un jardin fait pour la flânerie et la contemplation.

La plupart des clématites sont originaires des herbages et des grandes prairies et sont vraiment chez elles dans une prairie. Les fleurs somptueuses sont suivies par d'attrayantes capsules de graines. L'espèce *Clematis*, en particulier, peut apporter un charme spécial à une prairie.

Lady Bird Johnson Wilflower Center, Austin, Texas

Vivre sous le climat éprouvant comme celui du centre du Texas, avec ses sols rocheux ou argileux, ne vous empêche pas d'avoir une prairie. Au *Lady Bird Johnson Wilflower Center*, les riches prairies situées dans les collines de la région témoignent des possibilités offertes aux jardiniers des climats chauds. Beaucoup des meilleures graminées et des merveilleuses laîches destinées au sud très chaud, comme *Carex retroflexa, Carex perdentata, Muhlenbergia reverchonii* et *Poa arachnifera,* sont disponibles. Ces plantes se marient bien avec les lupins (*Lupinus*) et les castilléjies (*Castilleja*), tous deux emblématiques des paysages de collines. Des bulbes adaptés comme les *Zephyranthes* et les *Rhodophiala* trouvent place aujourd'hui dans les prairies de climat chaud. Les prairies du sud très chaud doivent être pourvues d'un très bon socle de graminées de prairie, car dans l'humidité et la chaleur implacables du climat, la couleur de la plupart des accents fleuris s'avère fugace.

Les lupins sauvages (*Lupinus texensis*) qui resplendissent dans les collines du Texas sont d'évidentes « douceurs » dans une prairie. Leurs fleurs sont éphémères, elles ont donc besoin d'une bonne base de graminées.

Une pelouse de laîches divergentes (*Carex divulsa*). Cette laîche se plaît autant au soleil qu'à l'ombre. Sa tolérance à une grande variété de sols et de climats en fait un couvre-sol de prédilection pour les jardins prairies à travers tout le pays.

Résidence privée, Malibu, Californie

À moins d'un kilomètre du célèbre spot de surf de Malibu se trouve une prairie d'un hectare qui lança vraiment notre pépinière. Ce jardin prairie de Los Angeles, l'un des plus grands de la région, abrite un ranch situé au milieu des plus gros sycomores indigènes (*Platanus racemosa*) présents le long de la côte. De hautes graminées ondoyantes entourent un grand bassin aux nénuphars alimenté par une cascade qui s'y déverse. Les graminées caressent l'eau et se balancent dans le vent de l'après-midi. La plus grande partie de la prairie est une matrice de laîches couvre-sols à port bas (*Carex pansa, Carex divulsa*). Des tapis de *Sesleria autumnalis* se mêlent aux feuilles jaune-vert des sycomores, inondant l'endroit d'une lumière vert chartreuse.

Le feuillage des sycomores inonde cette pelouse de laîches d'une vive lumière verte, reflétée dans les *Sesleria autumnalis* qui poussent parmi les laîches.

La taille de la propriété permet d'utiliser de nombreux types de graminées sans que la prairie ne paraisse encombrée et désordonnée. Dans une partie, *Carex texensis* forme un tapis avec *Cerastium tomentosum* (oreille de souris) et *Oenothera berlandieri* (œnothère). Cette prairie fleurie est tondue deux ou trois fois dans l'année. Ailleurs, *Poa arachnifera* se mêle aux onagres, belle association tolérante à la sécheresse. Dans une ombre profonde, sous le couvert d'ormes de Chine (*Ulmus parvifolia*), *Carex divulsa* prospère sur un fond simple et élégant de camélias. *Carex divulsa* peut supporter les racines agressives de ces beaux arbres. Les variétés mélangées de *Miscanthus* entourant le bassin créent des chambres de graminées couvre-sols très courtes qui dévalent vers l'eau, permettant aux visiteurs d'approcher jusqu'au bord et de contempler les joncs et les nénuphars qui poussent dans les dépressions marécageuses. Dans ce jardin, la texture est reine. Les fleurs et la couleur ? Elles sont la cerise sur le gâteau.

J'ai conçu le jardin prairie sur la dune, le long de la grande plage de Malibu, pour être tranquille. Les règlements de la Coastal Commission n'autorisent que les graminées et les laîches indigènes, mais cela n'implique pas de renoncer à la beauté. Plusieurs espèces indigènes s'entremêlent dans un subtil entrelacs de couleurs et de textures : *Carex pansa* crée une pelouse naturelle sur laquelle on peut marcher ; les deux élymes, *Leymus mollis*

De nombreuses communautés côtières exigent que seules les espèces indigènes soient utilisées pour les plantations sur les dunes.
Les graminées indigènes procurent aussi un habitat pour les insectes et d'autres formes de vie sauvage.

et *L. triticoides,* sont de proches cousins avec de minces inflorescences similaires et des feuilles d'un bleu argenté et poudré ; *Mulhenbergia rigens,* avec ses hautes tiges florales translucides (de 90 cm à 1,20 m), ajoute des coups de pinceau grisés et donne du mouvement aux plantations. Des succulentes, poussant facilement sous ce climat, apportent des notes vives et colorées. Les mélanges de textures complexes n'empêchent pas de préserver la simplicité.

Jardin Matus-Sheehan, Pasadena, Californie

Sur un arrière-plan de conifères coiffant la colline, une prairie de graminées tolérantes à la sécheresse et de succulentes dévale les pentes abruptes vers les étangs, encadrant une belle demeure des années 1930 dans le style espagnol californien. En se promenant sur les sentiers de dalles de Bouquet Canyon, on passe d'une chaude terrasse ensoleillée à des grottes fraîches et sombres. La prairie complexe, parsemée de bulbes, de vivaces et de succulentes, est bordée de rosiers parfumés, de camélias et d'agrumes dans la tradition de Pasadena.

Les graminées et les laîches, bien qu'abondantes, restent simples. De nombreuses variétés ont des formes de fleurs et des feuillages similaires, aussi se marient-elles facilement. *Carex remota, Carex divulsa* et *Bromus benekenii* sont les principaux couvre-sols. Poussant bien tous les trois au soleil ou à l'ombre, ils s'installent aisément partout dans toute la pelouse. Les principales notes fleuries sont *Pennisetum spathiolatum* et *Pennisetum macrourum*. *Muhlenbergia lindheimeri* et *Nassella tenuissima* font merveille sur le sol très chaud et sec des pentes les plus abruptes. Derrière la maison, au sommet de la propriété, une « cascade » de *Setaria palmifolia* dévale la colline, lui donnant une touche nettement tropicale. Prospérant dans l'ombre sèche, cette espèce se révèle à la fois belle et résistante sans une goutte d'eau.

Ce jardin est parfait pour flâner, un verre à la main. On ne pourrait jamais croire qu'il est au cœur de la ville.

Beaucoup plus satisfaisante visuellement qu'une pelouse tondue, cette prairie est aussi plus accueillante à la faune sauvage.

Jardin McLeod, Long Beach, Californie

Le jardin McLeod, au sommet d'une falaise à Long Beach, en Californie, présente une série de « chambres » de graminées et de plantes herbacées envahissant le jardin de textures tantôt douces, tantôt plus âpres. Beaucoup ont une allure formelle, les graminées, bien que souples, n'étant jamais ébouriffées. La petite pelouse de devant, rarement utilisée, est une pelouse naturelle de *Carex pansa*. Celle de derrière, plus grande et souvent utilisée, est bordée de nappes de graminées de prairie permettant de relier la pelouse conventionnelle au site en lui donnant plus de cohésion. Ces graminées font pénétrer le jardin dans le paysage du terrain de golf adjacent.

Persistant sous les climats doux, *Tripsacum dactyloides* a un fort caractère. On le voit ici d'une parfaite efficacité contre l'érosion sur une pente ombragée.

La laîche divergente (*Carex divulsa*) dévale un talus. Les pentes plantées de graminées peuvent amuser les enfants. Avec leur feuillage au port pleureur, de nombreuses graminées évoquent des chutes d'eau.

D'une taille inhabituelle pour un jardin de Los Angeles, il paraît encore plus vaste lorsque l'on va d'une chambre à une autre. Le jardin de roses formel possède un sous-étage de plusieurs variétés de fétuque bleue, créant un tapis bleu tacheté sous les rosiers hybrides de thé. Une autre chambre, pourvue d'une volière pleine d'oiseaux colorés et gazouillants, est décorée de graminées tropicales et de plantes au beau feuillage. Le bruit apaisant de l'eau, venant de l'étang aux koïs planté de joncs et de nénuphars, ajoute à la sensualité de la scène. Une pente jusqu'alors inutilisable a été transformée en ménageant des pistes et des espaces secrets pour la joie des enfants et des adultes ; ces pistes ombragées, qui descendent vers le terrain de golf, représentent l'un des purs délices de ce jardin. Les graminées dévalant la colline s'intègrent au terrain de golf situé plus bas.

À l'ombre, *Tripsacum floridanum*, *Tripsacum dactyloides* et *Carex divulsa* forment un sous-étage persistant, qui supporte la sécheresse dominant sous les arbres. Parmi les graminées de prairie très ensoleillée se trouvent *Festuca mairei* de hauteur moyenne. Le lin de Nouvelle-Zélande (*Phormium*) associe ses couleurs à celles des fusées des kniphofias.

Résidence privée, Santa Cruz, Californie

Ce jardin prairie situé sur une falaise, au-dessus de Monterey Bay, était à l'origine un herbage de graminées indigènes. Des années de pâturage et de mauvais entretien l'ont fortement dégradé, mais il a survécu. Le jardin autour devait remettre en valeur son caractère originel, tout en créant une prairie garde-feu enrichie de notes méditerranéennes sophistiquées, riches en couleurs et en diversité.

Étant donné la taille du jardin (plus d'un hectare), on a pu créer une série de chambres contenant une foule de trésors horticoles – succulentes, rosiers, bambous, conifères – avec des graminées disséminées servant de liant. Un ruisseau abondant au printemps et sinuant entre des étangs a permis de créer un réseau de plantes d'eau et de marécages

Gauras, lavandes, sauges et verveines mènent la danse dans cette prairie tolérante à la sécheresse. Amusez-vous avec la couleur – changez-en comme bon vous semble.

Une sculpture peut donner le ton à une prairie, en imposant une atmosphère. Bien placer une sculpture est un art en soi.

(page suivante, en haut) Ici les graminées font le lien entre les plantes de façon presque invisible.

(en bas) Laîches divergentes (*Carex divulsa*) en fleurs avec *Helictotrichon sempervirens*. Un vert sombre peut véritablement faire exploser l'argent et le bleu. *Carex divulsa* arbore un vert foncé aussi intéressant au soleil qu'à l'ombre.

dans un contexte général adapté à la sécheresse et réclamant peu d'entretien. Des sentiers de graminées – *Carex pansa, C. praegracilis* et *C. perdentata* – traversent des vivaces très hautes et des graminées de hauteur moyenne, comme *Carex divulsa*. Des bancs de graminées bleues et argent comme *Helictotrichon sempervirens* et *Leymus triticoides* 'Gray dawn' côtoient avec bonheur des plantes aux feuillages de même couleur. Résistantes, des « douceurs » aux longues floraisons (gauras, sauges, lavandes et verveines) animent constamment la prairie. Les exhalaisons des feuillages et des fleurs parfumés, se mêlant à l'air de l'océan et aux brises de l'après-midi, créent une atmosphère parfumée enivrante.

Le brouillard, typique des régions côtières, ajoute à la prairie un charme particulier ; rien ne se marie plus subtilement avec les ciels embrumés que les graminées. Dans ce jardin, parfois, on ne sait plus où finit la terre et où commence le ciel.

La pente devant la maison, en terrasse comme une rizière. Cela permet de profiter des belles montagnes de Santa Barbara à l'arrière-plan. La simplicité du premier plan magnifie la vue au loin.

Jardin conçu par Frances Shannon, Montecito, Californie

Aider la designer Frances Shannon à créer une prairie à thème fut pour moi une chance unique. La belle maison, de style colonial, évoque l'amour des propriétaires pour les tropiques. Dans ce contexte, la prairie devait rappeler les rizières en terrasses. Une pente exposée au sud fut nivelée dans cet esprit et plantée de deux variétés de graminées seulement : *Carex perdentata* et *Pennisetum* 'Fairy Tails'. Les épis dansants de cette dernière captent la lumière sans voler la vedette à la vue splendide.

La plupart des inflorescences de *Pennisetum* sont arquées mais *P.* 'Fairy Tails' ajoute vraiment de la verticalité à la scène. Persistante sous les climats doux, elle supporte aussi assez bien la sécheresse.

Les parcs et les jardins publics ne doivent pas forcément être tout en pelouse. Des sentiers à travers des masses de graminées peuvent créer un sentiment d'apaisement face au béton de la ville. Un peu de nature sauvage citadine fait du bien à l'âme.

Parc Jeffrey, Irvine, Californie

Situé dans le comté d'Orange, ce parc témoigne que les prairies ont leur place dans les espaces publics. Des hectares de graminées couvre-sols sont regroupés en vastes traînées demandant d'être rythmées par des accents caractéristiques bien marqués. *Pennisetum spathiolatum* et *Carex divulsa* remplissent cet office. Le vert sombre du second est complété par le vert doré des premiers. Des fils d'argent et de gris sont apportés par *Leymus condensatus*

'Canyon Prince' et *Juncus polyanthemos*. Des bancs de *Pennisetum orientale* 'Tall Tails' animent la prairie de leurs inflorescences dodelinantes, duveteuses comme des chenilles. Il reste encore beaucoup de gazon conventionnel à aménager. Les sentiers traversant les prairies sont tellement plus riches, visuellement, qu'un simple gazon ! Entretenues par une tonte à la fin des mois d'hiver, les prairies attendent les couleurs apportées par les bulbes et les succulentes… qui viendront quand les budgets de la ville le permettront.

Une plantation en masse de *Pennisetum spathiolatum* est un très bon choix pour les jardins californiens. Ses fleurs dorées sont superbes depuis le printemps jusqu'en automne. Elle est plus belle en traînées et en grandes masses.

Aulx et buis taillés ponctuent cette prairie de laîches, dans le Midwest. Ce qui est merveilleux dans ce jardin, c'est que les instants colorés vont et viennent comme par magie. La parfaite orchestration de Matt fait que, sans cesse, des taches de couleurs dansent à travers la prairie.

Jardin Moynihan-Smith, Clayton, Missouri

Mon ami, le paysagiste Matt Moynihan, et son compagnon Brian Smith ont une jolie maison de briques des années 1920 près de St Louis. Ensemble, nous nous sommes amusés à créer un des premiers jardins prairies vraiment sophistiqués du Midwest.

La prairie borde trois côtés de la maison, la plus belle partie étant entourée par des buis très rares plantés dans le jardin de devant. Uniques, ces bancs de buis dissimulent la rue mais ne font que partiellement écran à la maison, créant ainsi une chambre de graminées semi-privée. Cette prairie courte, merveilleusement saisonnière, est composée de bulbes et de vivaces dont les nappes et les vagues de couleurs se succèdent à mesure que progressent le printemps et l'été. Au début du printemps, les explosions de jonquilles laissent progressivement la place aux camassias, aux iris et aux aulx, puis en été aux lys et aux hémérocalles.

Pour cette modeste prairie de 12 m de large sur 18-20 m de profondeur, nous avons choisi comme graminées de base un mélange de laîches : *Carex remota, C. perdentata et C. divulsa*, qui s'associent bien avec les quelques restes de l'ancienne pelouse : *Poa pratensis* et *Festuca elatior*. Des bancs de *Chasmanthium latifolium* apportent une note fleurie qui se mêle harmonieusement aux lys parfumant la prairie en été. La structure de laîches est en grande partie persistante quand s'installe le froid de l'hiver. Une simple allée de dalles permet de se promener à travers ce jardin prairie et de couper des fleurs pour en faire des bouquets.

Les principes de couleurs que vous appliqueriez dans une maison fonctionnent aussi dans un jardin. Vous pouvez même choisir pour la prairie des notes fleuries en harmonie avec les couleurs de la pièce qui donne sur le jardin.

Dans mon jardin du nord de la Californie, l'automne est mon moment de prédilection. Les beaux verts des graminées font véritablement briller les jaunes et les orange.

Mon jardin actuel, Brisbane, Californie

Venant de Pomona dans le nord de la Californie, j'ai dû créer une prairie sous le climat étouffant de la baie de San Francisco. Avec la mer sur trois côtés, la péninsule de San Francisco bénéficie d'un climat particulier, composé d'une série de microclimats. Modéré par l'Océan Pacifique, il rend possible la pousse de plantes qui autrement disparaîtraient ou grilleraient sous le soleil brûlant et desséchant du sud de la Californie. Ce climat plus frais permet de cultiver des plantes ayant besoin pour prospérer d'un peu de froid ou de vernalisation. Tirant avantage de ces conditions plus fraîches, j'ai créé une prairie sur notre petit terrain, situé dans la zone de la Baie. La pelouse naturelle autour du poivrier nain est composée de *Carex texensis*, agrémentée de bulbes et de renoncules.

Les graminées de base comprennent *Oryzopsis miliacea*, *Dactylis glomerata*, *Carex divulsa*, *Bromus benekenii* et *Deschampsia cespitosa*. Le feuillage essentiellement persistant et les fleurs aériennes dansent dans le jardin. *Amsonia*, cornouillers et érables du Japon sont à l'aise sur le côté nord, bien protégé, de la maison. Framboisiers et mûriers sont éparpillés, de sorte que cheminant dans la prairie, on peut picorer tout en coupant des fleurs et du feuillage pour décorer la maison.

Des *Carex texensis* entourent des marches faites de béton recyclé. C'est un endroit parfait pour une pelouse de laîches – une pelouse conventionnelle n'aurait ici aucun sens. Les pelouses de laîches sont superbes dans n'importe quel jardin de la taille d'un timbre-poste.

J'ai beaucoup appris en expérimentant. L'art et la science de faire des prairies sont assez nouveaux, il n'existe pas de route toute tracée. Tuer quelques plantes n'est forcément grave – l'expérimentation peut conduire à de nouvelles associations et à des découvertes intéressantes.

Mon ancien jardin, Pomona, Californie

J'ai toujours eu un faible pour mon ancien jardin de Pomona. C'est là que j'ai démarré ma pépinière et créé mon premier jardin de graminées, dans un quartier de l'est de Los Angeles. J'avais besoin à l'époque de me ménager un refuge à l'abri de la chaleur et du brouillard du sud de la Californie. Ce jardin fut pour moi comme un laboratoire.

J'ai commencé par planter des bambous pour masquer la vue massacrée ; puis, avec l'aide de Simple, mon ami artiste, j'ai réalisé mon rêve de prairie méditerranéenne. La propriété, d'environ 250 m², paraissait plus vaste grâce aux sentiers sinueux qui la parcouraient, reliant les différentes chambres de jardin. Plus j'en apprenais sur les graminées, plus de nouvelles graminées me parvenaient, et plus le jardin changeait ; plus tard, les arbres et les bambous grandissant, l'ombre s'accrut et les graminées que j'avais plantées se modifièrent aussi.

Les graminées de base sont *Carex divulsa, C. pansa, C. perdentata* et *Bromus benkenii*. Des graminées intenses de saison chaude (*Pennisetum orientale* 'Tall Tails', *Panicum virgatum*) créent, avec d'autres arbres et arbustes caduques, des scènes spectaculaires défiant le doux climat du sud de la Californie. De très hautes graminées, *Neyraudia* spp et *Saccharum ravennae,* forment de beaux tableaux, ajoutant une touche d'exotisme à la scène. En automne, de grandes astéracées qui fleurissent alors (*Aster, helianthus, Montanoa*) prennent le relais d'un vaste arrière-plan fleuri de roses anciennes. L'entretien a lieu surtout en février, lorsque tout le jardin (sauf les bambous et les arbustes) est rabattu à 8-10 cm du sol. Nous appelons cette opération la « grande fauche ». Les graminées et les vivaces reverdiront à peine deux semaines plus tard.

J'aimais voir ce jardin comme un reflet de la maison, un bungalow avec cette touche asiatique caractéristique du mouvement *Arts and Craft*. Comme le tout premier style Craftsman en Californie, mon jardin, doté d'une fabuleuse collection de conifères et d'agrumes, de palmiers et de succulentes reliés entre eux par des graminées, avait un côté irréfléchi, irresponsable.

(à gauche) Paul's China Mystery. Cette graminée géante, une espèce de *Neyraudia*, a été collectée en Chine par l'horticulteur Paul Comstock. Nous ne lui avons pas encore trouvé de nom, mais nous savons que nous l'aimons ! Elle est vraiment magnifique pour des effets tropicaux.

(à droite) *Rosa* 'Sally Holmes', un hybride de rose musquée, elle fait une superbe toile de fond pour de nombreuses graminées. Les graminées et les roses sont de bonnes compagnes.
Ces dernières peuvent ajouter des fleurs, des parfums et des fruits, et de la couleur en automne à une prairie.

La prairie de *Schizachyrium scoparium*, de *Sorghastrum nutans* (herbe des Indiens, près de la maison) et de *Sporobolus heterolepis* chez Neil Diboll. Dans la prairie de Neil, fleurs et graminées s'entremêlent en une fluide harmonie. En automne, ce sont les capsules de graines noires des fleurs sauvages qui retiennent l'attention.

Jardin de Neil Diboll, Wisconsin

D'un homme ayant fondé l'une des plus influentes pépinières de plantes indigènes aux États-Unis – *Prairie Nursery* à Westfiel, Wisconsin –, on pouvait attendre qu'il eût l'un des plus beaux jardins de plantes indigènes d'Amérique. Toutefois, la plupart des gens refusent de croire que Neil Diboll l'ait fait tout seul. Cela lui a pris des années. La propriété, qui s'étend sur 10 ha, couverte de bois et de restes de prairies dégradées, a été progressivement transformée, par des brûlages et des coupes, en une forêt restaurée avec prairies fleuries, pelouses naturelles et prairies de laîches dans les sous-bois.

Les arbres abîmés et les pinèdes trop serrées ont été éclaircis ou supprimés. De même, les restes de prairies furent brûlés (avec les mesures de sécurité et les autorisations nécessaires) pour éliminer les plantes ligneuses indésirables et les mauvaises herbes. Grâce à ces suppressions et ces brûlages, de nombreuses plantes indigènes purent revenir sur le site et prospérer. En semant ensuite des graminées et des fleurs sauvages, Neil a rendu la vie aux grandes prairies. La phase finale a consisté à créer des pelouses naturelles et des sentiers de pelouse naturelle avec son propre mélange de graines, justement appelé 'No-Mow' (« pas de tonte »). Et pour prouver qu'il n'était pas un dilettante, Neil a entouré sa maison d'hostas, de laîches et de gingembres, ajoutant à la beauté naturelle un collier exotique.

Les graminées sont les stars du jardin. Celles des grandes prairies sont principalement *Schizachyrium scoparium*, *Bouteloua curtipendula*, *Sorghastrum nutans* (herbe des Indiens) et

quelques *Sporobolus heterolepis* ; *Andropogon gerardii* (barbon de Gérard) a réapparu après le brûlage et l'éclaircissage des arbres.

Les pelouses naturelles constituées d'un mélange de semences 'No-Mow' forment une grande partie du jardin. Sans ce mélange, entretenir une telle pelouse et ses sentiers exigerait des heures de tonte, d'arrosage et de soins. Tout a été semé et s'est installé en une saison. Leur beau feuillage vert ébouriffé est superbe aussi bien en plein soleil que dans une ombre modérée. Mis à part quelques rares arrosages des hostas pendant les courtes périodes de sécheresse, ce jardin indigène prospère et se maintient seul. Les derniers efforts de Neil se concentrent sur l'apport de fleurs dans les sous-bois et de laîches pour en former le sous-étage.

La clé de la réussite de Neil est d'avoir analysé son site, compris ses qualités et disposé d'une bonne connaissance de ses plantes. Asters, échinacées et verges d'or attirent les oiseaux, les abeilles et les papillons tandis que monardes, *Chamaelirium luteum* et tournesols dansent et se faufilent à travers les graminées, produisant une infinie succession de fleurs et de capsules de graines. Rien de plus, rien de moins.

Un simple sentier de graminées tondues vous invite à entrer dans la prairie. Ici, le sentier sinue à travers un pré de *Schizachyrium scoparium*.

La pelouse naturelle de fétuques 'No-Mow' de Neil. Ces graminées donnent le meilleur d'elles-mêmes sous les fraîches latitudes Nord. En période de sécheresse, elles peuvent virer au brun si on ne les arrose pas. Mais ce sont toujours de bons substituts aux graminées de gazon, notamment dans un lieu un peu ombragé.

Jardin de Scott Ogden et Lauren Springer, Fort Collins, Colorado

Le jardin prairie des Ogden-Springer est peut-être la plus sublime prairie de toute l'Amérique du Nord et indubitablement la plus sophistiquée, moins à cause du nombre d'espèces de plantes composant ce jardin étonnant qu'à la manière dont elles sont assemblées. Scott Ogden et Lauren Springer, designers et exceptionnels connaisseurs de plantes, pratiquent la conception de jardin comme un art et une science, en s'inspirant des plantes. Leur propre jardin en témoigne. Vous ne pouvez disposer harmonieusement tant de plantes dans un lieu sans en avoir une connaissance parfaite. Car ici, la simplicité apparente masque une grande complexité. La prairie change en effet presque chaque jour, ses éléments se transformant de manière subtile mais bien visible. Seules des plantes de bonne compagnie sont admises ici. Les agressives sont écartées et supprimées sans merci.

La construction de base de la « steppe » de Scott et Lauren est simple. La « grande prairie » de graminées à port bas, adossée à des arbres et à des arbustes, est encerclée par

Le salon de jardin de Scott et Lauren, dans le Colorado, est planté de fétuques, de joncs et d'orge à crinière (*Hordeum jubatum*). Cette prairie est la plus sophistiquée de toute l'Amérique. Les bancs de pierre et le foyer permettent de profiter des plantations, nuit et jour.

Réunir toutes ces plantes et les maintenir dans un état aussi parfait n'est possible que si l'on connaît bien ses plantes. Ce jardin est à la gloire de la philosophie de Scott et de Lauren : « se laisser guider par les plantes ».

des sentiers de graviers et de dalles. Les très hautes graminées permettent aux limites de la prairie de s'intégrer dans l'arrière-plan d'arbustes et d'arbres. À partir des sentiers qui l'entourent, la prairie, faite d'une pièce, se voit sous tous ses aspects ; le trajet du sentier a été conçu pour offrir au promeneur une multitude de panoramas différents et d'espaces secrets, donnant l'impression d'un jardin plus grand qu'il ne l'est en réalité. La véritable star du jardin, c'est la palette de plantes. Sa réussite réside dans le mélange soigneusement choisi des espèces et des variétés qui se ressemblent par leur couleur, leur texture et leur port. La présence de graminées à fleurs spectaculaires est réduite au minimum ; l'accent est mis sur les beaux feuillages et le bon comportement. Ainsi, lorsqu'elles apparaissent, les graminées à floraison spectaculaire explosent véritablement. Quand la lumière touche la mélique ou l'orge, elles semblent frappées par le pinceau lumineux d'un projecteur. Grâce à la prépondérance de graminées à minces tiges florales, les notes fleuries sont toujours translucides, jamais denses ni opaques.

Son cachet horticole est encore rehaussé par l'accent mis sur des espèces et des croisements de bulbes et de vivaces traditionnellement hybridés. Des espèces d'hémérocalles, d'iris, d'asters et d'aulx apparaissent et disparaissent pratiquement toute l'année, pointant à travers la neige et supportant la chaleur de l'été. Le charme discret des espèces botaniques d'un genre comme *Echinacea* donne à la prairie sa séduction à la fois mystérieuse et familière, unique. Nombre de ces indigènes ont été collectés par Scott et Lauren eux-mêmes, au cours d'innombrables incursions dans des écosystèmes menacés. En conservant ces trésors dans des jardins comme dans la nature, nous tous, jardiniers, pouvons jouer un rôle important dans la préservation de notre magnifique héritage naturel.

La forme puissante de la jarre semble flotter dans une écume de graminées dansantes, créant un beau point focal.

Les fleurs du brome inerme (*Bromus inermis*) dans le jardin des Peace ; une graminée de pâturage invasive, avec laquelle les propriétaires ont choisi de vivre plutôt que d'essayer de l'éradiquer. Bien qu'agressif, ce fléau peut être « adouci » par des graminées de meilleure compagnie et des vivaces.

Jardin dessiné par Tom et Diane Peace, Denver, Colorado

Dans leur jardin, les designers Tom et Diane Peace montrent que pour créer une prairie, il n'est pas nécessaire de partir de zéro. Si vous êtes intelligent, vous pouvez faire avec ce que vous avez.

Ils ont démarré avec un jardin à l'abandon, couvert d'une graminée de pâturage invasive, *Bromus inermis*, difficile à éradiquer. Sachant cela, Tom et Diane ont choisi de garder cette base de brome, non dépourvue d'intérêt, et de la compléter avec des graminées ornementales et des notes fleuries. Des fleurs faciles et résistantes comme les échinacées et les carottes se plaisent bien avec les bromes, là où des fleurs plus nuageuses et délicates seraient écrasées ; des accents pour prairies classiques comme le gaura, la scabieuse et l'achillée millefeuille créent un véritable jardin prairie au caractère bien déterminé. Les graminées comme le panic érigé et *Andropogon scoparius* ajoutent diversité et intérêt au

sol de bromes. Vestiges de l'ancienne pelouse, les touffes aux têtes fleuries de fétuque élevée tracent aujourd'hui dans la prairie de minces coups de pinceau qui ne se voyaient pas quand la pelouse était tondue une fois par semaine. En général, cette prairie n'est tondue qu'une ou deux fois par an.

Le premier plan, composé de robustes *Achillea* 'Moonshine' et *d'Iris pallida* 'Variegata', permet au brome de ne pas avoir l'air d'une mauvaise herbe.

Dans ce site, une prairie a tout simplement un sens : elle est belle, fonctionnelle et bonne pour la planète.

(page suivante) Harmonie des couleurs et des textures sous un climat sec : *Schizachyrium scoparium*, herbe des Indiens *(Sorghastrum nutans)*, verge d'or naine (*Soligado simplex*) et *Juniperus monosperma*. Ces plantes sont aussi en harmonie avec la nature, elles offrent un superbe habitat à la faune sauvage.

Jardin dessiné par Judith Phillips, Nouveau Mexique

Le jardin prairie conçu par Judith Phillips offre un superbe exemple de ce que l'on peut faire avec des graminées et des fleurs sauvages indigènes dans une prairie. Un doux manteau de graminées et de fleurs sauvages, parsemé de notes colorées, ne fait qu'un avec le paysage environnant et la vue des montagnes. *Buchloe dactyloides* (herbe de bison), *Bouteloua gracilis* (boutelou gracieux) et *Andropogon* (barbon) créent une jolie couche de base avec des effets changeant selon les saisons. L'arrosage y est minimal, à l'exception de certaines zones plus proches de la maison, gratifiées d'un supplément d'humidité pour créer une pause oasis. Les graminées ayant besoin de plus d'humidité dans les climats chauds et secs (*Calamagrostis, Miscanthus),* utilisées avec parcimonie, sont regroupées un peu à l'ombre pour prospérer. En plein soleil, des graminées intenses (*Mulhenbergia, Sporobolus*) portent de hautes inflorescences qui captent la lumière et tolèrent les vents chauds et desséchants du climat. Les mêmes couleurs semblent envahir le ciel et la terre quand les argents et les verts estivaux des graminées de base virent aux jaune doré, puis aux rouille, orange et couleur parchemin en automne et en hiver.

Des sentiers de graviers, de dalles et de briques traversent la prairie. Des plantes indigènes résistantes (*Liatris, Solidago, Rudbeckia*) apportent des notes fleuries, pourpres et jaunes, de l'été à l'automne, attirant les abeilles, les papillons et les oiseaux. Les arbres et arbustes indigènes, formant l'arrière-plan de cette prairie, exhalent un parfum inoubliable de pin et de sauge, tout en offrant couvert et abri aux oiseaux.

Lygeum spartum, sous des oliviers. Le feuillage argenté, au-dessus et en dessous, se marie bien avec les troncs des arbres. Les capsules de graines des graminées ressemblent à de petits flocons de coton.

Les fermes Blenheim, Dana point, Californie

Une maison de balles de paille ne peut être qu'entourée d'une prairie. De l'extérieur, on ne remarque pas que la construction de J. Brandes est en balles de paille. On voit seulement les murs de 90 cm onduler légèrement, et les graminées ondoyantes qui ancrent la maison dans le site semblent en capter l'esprit et la manière dont elle surgit dans le vaste paysage.

Les graminées de base comptent parmi les meilleures pour les jardins du sud chaud et sec, avec des traînées de *Carex divulsa, Bromus Benekenii et Festuca mairei*. Les classiques oliviers gris sont accordés à l'argent de *Lygeum spartum*, avec ses nuages de fleurs cotonneuses. La prairie se détache sur une toile de fond composée de trois grandes graminées, *Vetiveria zizanoides, Sporobolus wrightii* et *Spartina bakeri*, formant des rideaux de feuillage.

Poussant jusqu'à 1,20 -1,80 m de haut, *Spartina bakeri* fait un très bel arrière-plan. Tolérante à la sécheresse, elle est persistante sous les climats doux.

Une prairie de *Brachypodium retusum* (brachypode rameux), de *Festuca mairei* et de *Pennisetum spathiolatum* forme la base de ce toit végétal, dans une partie de la Californie sujette aux incendies. Elle a besoin de relativement peu d'eau pour rester ininflammable.

Jardin prairie sur un toit, Sunol, Californie

Ce jardin prairie dévalant des collines environnantes se prolonge sur le toit de cette extraordinaire maison construite au sommet d'une montagne. La paysagiste Cynthia Tanyan et moi avons travaillé ensemble pour créer, sur un toit, un jardin prairie sans rupture entre le sol naturel et un substrat artificiel de 15 à 20 cm. Après des visites du site et des consultations, j'ai élaboré une palette de graminées de port bas, tolérantes à la chaleur et à la sécheresse, non inflammables, la résidence étant dans une zone sujette au feu. Le mélange principal – de *Brachypodium retusum*, *Festuca mairei*, et *Pennisetum spathiolatum* – forme une couverture douce qui se fond dans le paysage. Les notes accentuées, rares, sont constituées pour la plupart de succulentes, comme les orpins, les aloès et les joubarbes.

Pennisetum spathiolatum, *Festuca mairei* et un tapis de *Sedum rupestre* 'Angelina' sur une partie du toit végétal.

De grandes étendues de laîches divergentes (*Carex divulsa*) et de *Festuca mairei* – deux robustes couvre-sols – reflètent le caractère de l'arrière de la propriété : une savane de chênes.

Jardin de Sandy Hill, Santa Ynez Valley, Californie

Le ranch La Zaca à Sandy Hill est une pépite d'or sertie dans la couronne de Santa Ynez Valley, en Californie. Couvrant de nombreux hectares, le domaine comprend une résidence, un bâtiment pour gardien, un vignoble, un ranch avec des chevaux, et une arène de vastes dimensions avec une grange spacieuse permettant d'organiser des rodéos et des soirées. Les graminées, jaillissant partout, suivent la route et entourent les bâtiments, formant comme une douce couverture ignifuge et protectrice dans un écosystème sujet au feu. Agaves, aloès et kniphofias ponctuent les étendues de graminées, à côté des plantes californiennes classiques comme les rosiers, les chênes et les sycomores. D'anciennes fleurs, telles les roses et les capucines, ajoutent leur note colorée comme elles devaient le faire autrefois, dans les premiers jardins californiens. Éparpillés dans la prairie, on trouve bien sûr des pavots de Californie (*Eschscholtzia californica*) de toutes les couleurs – orange, jaunes, crème, roses, et même le grand *Romneya Coulteri*, indigène. Enfin, quelques taches de crocosmias rouges et orange, semés avec parcimonie, produisent beaucoup d'effet au milieu des graminées caressées par le vent.

Les savanes à chênes ensemencées d'espèces indigènes, à l'origine foulées par le bétail et trop broutées, sont aujourd'hui en train d'être restaurées. On y plante surtout des variétés de graminées de saison fraîche, tolérantes à la sécheresse, belles et d'entretien facile, demandant peu d'eau et peu de soins. Les principales sont *Festuca mairei* et *Pennisetum spathiolatum,* qui fleurissent de la même manière. Des sentiers de pelouse naturelle

de *Carex pansa* se croisent dans les prairies, offrant des pistes pour les promeneurs et les chevaux. Dans un terrain entouré d'une haie d'ifs, à l'ombre d'un bosquet d'oliviers, se trouvent deux petites pelouses formelles de *Carex pansa*. De grandes espèces de graminées à fleurs, se contentant de peu d'irrigation, y apportent leur note particulière tout en faisant le lien entre le jardin irrigué et les prairies indigènes non irriguées. Le feuillage gris et argent d'*Eragrostis chloromelas* et de *Juncus polyanthemos* est particulièrement efficace pour masquer la coupure entre les deux. Ce jardin témoigne qu'il est possible de se passer de pelouses engloutisseuses d'eau pour créer des prairies en harmonie avec la nature.

Flanqués d'agaves et d'aloès, un escalier et un chemin de planches courent à travers les graminées.

CHAPITRE 6

DES GRAMINÉES POUR PRAIRIES

Sesleria autumnalis, une des meilleures graminées couvre-sols.

POUR FACILITER VOTRE CHOIX de plantes, commencez par les diviser en groupes. Je propose de classer les graminées, répertoriées dans ce chapitre de A à Z, dans une ou plusieurs des cinq catégories de base suivantes : Couvre-sol C, Bouche-trou B, Arrière-plan AP, Note particulière ou saisonnière N et Pelouses naturelles PN.

Toute formation de prairie commence par une base de couvre-sols. Ces espèces, indiquées par la lettre C, doivent former 45 à 65 % de la prairie.

Les bouche-trous, indiqués par la lettre B, sont des plantes qui remplissent les vides entre les graminées couvre-sols et les notes particulières ou saisonnières. Graminées ou plantes à fleurs, elles lient les plantes entre elles et créent l'unité de la prairie. Les bulbes sont d'excellents bouche-trous. Ils apparaissent et disparaissent, on peut les changer pour garder à la prairie sa fraîcheur. Ceux à port bas sont particulièrement efficaces parmi les très grandes graminées, qui semblent alors moins tassées. Les bouche-trous doivent représenter 15 à 30 % de la prairie.

Les plantes pour arrière-plan, indiquées par les lettres AP, peuvent être des graminées ou d'autres plantes. Elles forment la toile de fond de la pelouse. Ce sont en général de grandes plantes qui encadrent la prairie toute entière et permettent de l'ancrer dans le paysage. Dans de grands sites, on peut les utiliser en très grandes masses et en nappes. Ces hautes graminées sont intéressantes pour former des labyrinthes et des « tunnels ». Dans les petits jardins, on les utilisera avec parcimonie pour ne pas encombrer l'espace. Elles peuvent représenter 5 à 20 % de la prairie.

Les notes particulières ou saisonnières, indiquées par la lettre N, sont des plantes (graminées ou « douceurs ») qui attirent l'attention par leur texture, leurs fleurs ou leur saisonnalité. Bien placées et bien programmées dans le temps, on peut utiliser beaucoup de « notes ». Si vous connaissez vraiment bien vos plantes, la prairie peut en être pleine. Souvenez-vous que vous pouvez toujours en ajouter, au fur et à mesure que vous connaissez mieux votre site. Elles peuvent occuper 30 à 40 % de la prairie.

La dernière catégorie, celle des pelouses naturelles, indiquées par les lettres PN, sont pour les pelouses et les sentiers. Ce sont des plantes à port bas, tapissantes ou rampantes. Elles demandent en général peu ou pas de tonte pour rester basses et pour que l'on puisse marcher dessus. Les pelouses naturelles peuvent être faites de graminées et de laîches, utilisées seules ou en mélange.

Les pourcentages recommandés ici sont modulables, ils se sont révélés satisfaisants pour les différentes prairies que j'ai créées. En jardinage, les règles doivent être remises en question. L'expérimentation peut être amusante et gratifiante et de nombreuses combinaisons sont encore à expérimenter. Chaque prairie est unique, en fonction de son site.

Achnatherum (spike grass)

Ces graminées, surtout de saison fraîche, sont de jolies notes fleuries qui donnent le meilleur d'elles-mêmes dans les prairies sèches. Leurs inflorescences vont de fleurs nuageuses et vaporeuses à des épis fins comme des aiguilles. La plupart fleurissent au printemps, après les pluies hivernales, puis entrent en dormance en été. Les *Achnatherum occidentale*, une espèce du désert présente dans des habitats secs et rocheux, sont magnifiques pour adoucir les âpres paysages désertiques. Il vaut mieux les semer, plutôt que les planter, pour qu'elles s'installent dans le substrat indigène. Souvent trop arrosées dans les jardins, elles prospèrent quand elles sont négligées.

Achnatherum coronatum. Particulièrement bien sur les pentes rocheuses. Hauteur : 90 cm à 1,80 m. N

Achnatherum hymenoides. Sous-employée. Feuillage à fine texture et fleurs dorées vaporeuses qui captent joliment la lumière. C B N

Achnatherum speciosum. Feuillage blond de belle texture avec de minces plumets cotonneux. Hauteur : 60 à 90 cm. B N

Achnatherum calamagrostis C B N

Originaire des montagnes du sud et du centre de l'Europe. Plantes arquées, de 60 à 90 cm de haut, aux beaux plumets vaporeux. Le feuillage de belle texture a tendance à être dormant en été mais les fleurs sont persistantes et restent belles sur la plante en hiver. Elles souffrent pendant les étés chauds et humides. Mieux en plein soleil et dans un sol bien drainant ; médiocre dans les sols très fertiles. Plantez en pots ou semez. Accroche bien la lumière, à éparpiller à travers la prairie ou en bancs.

Achnatherum calamagrostis.

Acorus (acore)

Dans presque toutes les pelouses naturelles que je crée, j'essaie de trouver une place pour quelques acores. Ces plantes herbacées ont des feuilles comme celles des iris, mais douces et parfumées. Sources de l'huile de calama, elles ont besoin d'humidité et d'ombre pour prospérer, particulièrement dans les climats chauds. La plupart ont un beau feuillage persistant, au parfum plus prononcé lorsqu'on le froisse ou qu'on marche dessus. Les formes au feuillage coloré sont nombreuses ; les formes vertes plus modestes sont trop souvent dédaignées.

Acorus calamus (acore aromatique) B AP

Originaire d'Eurasie. Cet acore, au feuillage d'un beau vert, atteint 1,20 à 1,50 m de haut. Il est dormant en hiver et a besoin de froid pour prospérer. Ne pousse pas dans l'eau. Plantez en pots espacés de 60 à 90 cm.

Acorus calamus 'Variegatus'. Les feuilles sont rayées de blanc crème dans le sens de la longueur. Hauteur : 90 cm à 1,20 m. Plantez en pots espacés de 60 à 90 cm. AP N

Acorus gramineus (jonc japonais) C B N

De Chine et du Japon. Herbacée au feuillage vert vif, de 20 à 25 cm. Nombreuses variétés à mélanger ou à parsemer à travers la prairie. Toutes peuvent pousser dans l'eau. Bien sûr les bords des sentiers. Plantez en pots espacés de 15 à 30 cm.

Acorus gramineus 'Licorice'. Semblable à l'espèce mais avec une odeur de réglisse. Plantez en pots espacés de 20 à 30 cm. C B N

Acorus gramineus 'Ogon' (jonc japonais panaché). Beau feuillage panaché de jaune d'or, très précieux comme bouche-trou de couleur vive, peut illuminer des prairies ombragées. Plantez en pots espacés de 20 à 30 cm. C B N

Acorus gramineus 'Pusillus' (jonc japonais nain). Feuillage vert vif de 8 à 12 cm. Bien entre des dalles et dans les sentiers de pelouse de laîches ; tolère un léger passage. Plantez en pots espacés de 10 à 15 cm. C B N

Acorus gramineus 'Pusillus minimus Aureus'. Feuillage doré de 8 à 12 cm. Plantez en pots espacés de 10 à 15 cm. C B N

Acorus gramineus 'Ogon'.

Ammophila arenaria.

Acorus gramineus 'Variegatus'. Crème avec des panachures blanches, pousse à 15- 25 cm de haut. Mieux dans une ombre légère. Bien en masse le long d'étangs, de cours d'eau et de sentiers ombragés. Plantez en pots espacés de 20 à 30 cm. C B N

Agrostis hallii (agrostide de Hall) C B PN

Cette graminée rampante, à port bas et de saison fraîche, fait une belle pelouse naturelle, formant un doux tapis de feuillage bleu-vert de 15 à 25 cm de haut. Semez ou plantez en mini-mottes espacées de 15 à 30 cm.

Ammophila arenaria (oyat) C B N

Originaire d'Europe et d'Afrique du Nord. Cette graminée aime le sable. Essentiellement persistante, aux feuilles ensiformes, gris-vert, elle atteint 60 à 90 cm de haut et se propage par rhizomes. Dénigrée par les partisans puristes des plantes indigènes, cette espèce est néanmoins précieuse comme couvre-sol et pour stabiliser les dunes. Tolérante à la sécheresse près de la côte, elle préfère le plein soleil ou l'ombre légère et s'adapte bien dans des sols lourds. Généralement vendue en plants à racines nues par les pépinières. Plantez les divisions espacées de 30 à 45 cm.

Ampelodesmos mauritanica AP N

Originaire de la Méditerranée. Cette graminée persistante, pour arrière-plan, peut former d'énormes touffes de 1,80 à 2,40 m de haut et de large, surmontées de belles fleurs dorées qui durent longtemps et font de magnifiques bouquets. Les feuilles aux bords coupants étaient utilisées pour attacher les vignes et ressemblent aux herbes de la pampa, mais sont d'un vert sombre luisant. Tolère le sable ou l'argile et résiste aux conditions côtières et au vent. Plantez en pots ou en mini-mottes espacés de 1,20 à 1,80 m. Pousse lentement mais vaut la peine d'attendre.

Anthoxanthum odoratum (flouve odorante) C B N PN

Cette graminée en touffes possède un parfum puissant. Elle a de délicates fleurs pointues qui émergent vertes, deviennent brun doré en séchant et dépassent de 30 cm le feuillage vert qui atteint 15 à 20 cm. C'est une de mes graminées favorites, à mêler à une prairie de laîches pour apporter à la fois du parfum et une note fleurie. Tolère une grande variété de sols mais préfère les sols ensoleillés et humides. Dans les climats chauds et humides de l'intérieur, elle a besoin d'une ombre légère. Plantez en pots

C Couvre-sol B Bouche-trou AP Arrière-plan

ou en mini-mottes espacés de 30 à 45 cm. Éparpillez à travers la prairie ou plantez en bancs le long des sentiers.

***Aristida purpurea* (aristide poupre)** C B N

Originaire du sud-ouest des États-Unis. Cette belle graminée du désert, à fine texture, a des fleurs superbes qui s'épanouissent rouge pourpré au début du printemps. Fleurs et feuillage virent à l'or lorsqu'arrive l'été. Un très bon choix pour les sites chauds et secs. Éviter trop d'arrosages en été, la plante préfère être au sec. Tolère une grande variété de sols, mieux au soleil ou à l'ombre légère. Semez ou plantez en pots ou en mini-mottes espacés de 45 à 60 cm. Elle se naturalise abondamment mais se contrôle facilement. Éparpillez à travers la prairie.

***Arrhenatherum elatius* var. *bulbosum* 'Variegatum' (phalangère bulbeuse)** B N

Cette jolie petite plante panachée est une graminée classique de saison fraîche, splendide au début du printemps. Un doux feuillage strié de blanc fait un joli coussin de feuilles de 15 à 30 cm de haut avec de belles petites fleurs blanches qui en séchant deviennent brun clair. Plantez en pots espacés de 20 à 30 cm. Préférable comme note fleurie ou bouche-trou car la chaleur de l'été la désagrège.

***Arundo donax* (canne de Provence)** AP N

Originaire du sud de l'Europe et d'Afrique. Cette graminée ligneuse méditerranéenne, pour arrière-plan, peut facilement atteindre 4 à 5 m de haut en une saison, produisant de grandes touffes arquées de feuilles gris-vert sur de fortes tiges ligneuses ; elle se propage lentement. Persistante dans les climats doux, elle gèle jusqu'au pied dans les climats froids. Les épais rhizomes peuvent être extrêmement difficiles à arracher dans les anciens sites bien arrosés.

Plantée par des conservateurs de sols bien intentionnés, cette espèce a un avenir possible dans les biocarburants et la biofiltration. Comme le panic érigé, elle pousse dans le sable ou l'argile et tolère les côtes très exposées. Ses formes panachées sont nombreuses et posent moins de problèmes que l'espèce botanique.

Arundo donax 'Golden Chain'. Graminées en touffes compactes, de 1,80 m de haut, qui restent d'un jaune brillant tout au long de l'année. Son bon comportement devrait favoriser sa popularité. AP N

Aristida purpurea.

Arrhenatherum elatius var. *bulbosum* 'Variegatum'.

Austrostipa ramosissima.

Arundo donax 'Slender Gold'. Cette nouvelle forme est grande, jusqu'à 4 m de haut, mais avec des feuilles et des cannes plus élancées et d'une texture plus fine. Garde sa végétation toute l'année. AP N

Arundo donax var. *versicolor* (canne de Provence panachée). Son nouveau feuillage est très panaché mais redevient vert en été. Les panachures peuvent durer plus longtemps et la plante rester courte si on la rabat au sol en juillet. AP N

Austrostipa ramosissima AP N

Cette graminée d'arrière-plan peu commune vient d'Australie et pousse jusqu'à 1,80 à 2,40 m de haut, en une touffe érigée qui ressemble absolument à de la fumée s'élevant d'un feu. De minces cannes ligneuses portent des feuilles persistantes lustrées, qui luisent parmi les inflorescences soyeuses et vaporeuses. Mieux en plein soleil ou à mi-ombre et dans un sol humide et bien drainant. Tolère la sécheresse et l'argile lourde. Plantez en mini-mottes ou en pots espacés de 1,20 à 1,80 m. Étonnante éclairée de dos.

Baumea rubiginosa 'Variegata' AP N

Nouvelle-Zélande. Ce jonc en touffes, qui se propage lentement, a de minces feuilles plates, striées d'or, et atteint 30 à 45 cm de hauteur. Préfère un sol humide et pousse dans l'eau. Mieux en plein soleil ou à mi-ombre. Plantez en mini-mottes ou en pots espacés de 30 à 45 cm.

Blepharoneuron tricholepis C B N

Cette graminée en touffes de saison chaude fait un beau couvre-sol pour les prairies de désert en altitude et de montagne, dans l'intérieur des terres. Le feuillage gris-vert atteint 30 à 45 cm. de beaux plumets aériens le dépassent de 30 à 45 cm. Tolère une grande variété de sols et pousse mieux en plein soleil ou ombre légère. Plantez en mini-mottes ou en pots espacés de 30 à 60 cm.

Bothriochloa barbinodis B N

Cette graminée semi-persistante de saison fraîche, en touffes, a des inflorescences cotonneuses spectaculaires qui captent la lumière lorsqu'elles dansent dans le vent. Le mince feuillage, d'un vert moyen, est porté sur de fines tiges arquées, de 60 cm à 1,20 m de haut. Mieux en plein soleil ou à l'ombre légère ; elle peut pousser dans une grande variété de sols, y compris les

C Couvre-sol B Bouche-trou AP Arrière-plan

conditions côtières et est aussi tolérante à la sécheresse. Plantez en mini-mottes ou en pots espacés de 30 à 45 cm. Jolie note fleurie pour les prairies sèches.

Bouteloua curtipendula C B N

C'est une des graminées à fleurs les plus résistantes, spectaculaires et polyvalentes que vous pouvez planter. Le feuillage gris-vert en touffes, de saison chaude, atteint 45 à 60 cm de haut et est surmonté de minces fleurs comme des fanions qui éclosent pourpres et deviennent brun clair une fois sèches. En automne, le feuillage et les épis floraux arborent de riches couleurs de pourpre vif, orange et bronze. Tolère une grande variété de sols, mieux en plein soleil ou dans une ombre légère. Tolérant à la chaleur et à la sécheresse une fois installé. Facile à semer, ou à planter en mini-mottes ou en pots espacés de 30 à 45 cm. Efficace parsemé à travers la prairie ou planté en groupes. Les fleurs en particulier font de délicats coups de pinceau.

Bouteloua gracilis (boutelou gracieux) C B N PN

C'est une graminée de saison chaude, mais elle est brièvement dormante dans les climats doux. Le feuillage bleu-vert atteint 10 à 15 cm de haut et est surmonté par de très jolies fleurs qui ressemblent à des cils ou à des fanions. Elles évoquent aussi de petits nuages d'insectes. Bien qu'elle pousse en touffes, elle peut faire une jolie pelouse naturelle, si les plants sont très peu espacés, de 10 à 15 cm. ou mieux encore si on la sème. Elle préfère le plein soleil et souffre si elle a trop d'ombre. La tonte permet de marcher dessus plus facilement mais coupe aussi les jolies fleurs. Souvent elles refleurissent après avoir été tondues. Des prairies non tondues de boutelou gracieux sont magnifiques, éclairées de dos par le soleil couchant ou la lumière du petit matin. On l'associe souvent à *Buchloe dactyloides* (herbe de bison) car la couleur et la texture de leurs feuillages sont presque identiques. Le port rampant de cette dernière est agréable sous le pied et en fait un bon bouche-trou entre les touffes du premier. Trop espacées, les touffes du boutelou gracieux peuvent être difficiles à fouler. C'est pourquoi, pour les pelouses, il vaut mieux le semer.

Le boutelou gracieux pousse dans le sable ou l'argile. Si vous le semez, faites-le à proportion de 2 kg pour 300 m². Il vaut mieux semer à la fin du printemps ou au début de l'été quand la terre et les températures commencent à se réchauffer. Vous pouvez semer au début de l'automne mais souvenez-vous que les premiers froids peuvent arrêter la croissance.

Bothriochloa barbinodis.

Bouteloua curtipendula.

Bouteloua gracilis.

***Brachypodium sylvaticum* (brachypode des bois)** C B N

Cette graminée de base, en touffes, de saison chaude, rampante, se propage lentement. Elle fait une jolie prairie, avec son feuillage luisant vert vif et ses minces et jolies inflorescences ; et elle continuera sans doute à être présente dans les pâturages et les prairies. Cette graminée a plusieurs formes intéressantes (nous en cultivons une forme stérile à *Greenlee Nursery* depuis des années) ; quelques clones peuvent se naturaliser. Plantez en mini-mottes espacées de 30 à 45 cm. Pour le soleil et la mi-ombre ; aime être régulièrement arrosée et préfère les climats aux nuits fraîches. Magnifique dans les sous-bois avec des fougères.

***Briza media* (amourette)** B N

Originaire d'Europe. Cette graminée de saison fraîche fait de nets coussins de feuillage gris bleuté, de 15 à 30 cm de haut et de large. Le feuillage est surmonté de jolies petites fleurs dorées qui ressemblent à la queue du serpent à sonnette. Elles poussent à 30-45 cm au-dessus du feuillage, apparaissent au début du printemps et restent belles pendant tout l'été. Tolère une grande variété de sols et préfère le soleil ou l'ombre partielle. Quelque peu tolérante à la sécheresse sous les climats avec des pluies suffisantes en été, mais se porte mieux avec des arrosages réguliers. Plantez en mini-mottes ou en pots espacés de 30 à 45 cm. Cette espèce apporte une jolie note fleurie dans un couvre-sol à port bas avec des laîches (*Carex*) et des *Sesleria*.

***Bromus benekenii* (brome de Beneken)** C B N

Panayoti Kelaidis, des Jardins Botaniques de Denver, a attiré mon attention sur cette jolie graminée couvre-sol. En plein soleil, les plantes sont d'un vert-jaune vif et d'un vert plus sombre à l'ombre. Les belles feuilles sont douces au toucher ; le feuillage duveteux est particulièrement étonnant avec la rosée du matin ou ourlé de gel. Les inflorescences sont minces et assez jolies mais pas spectaculaires. Persistante dans les climats doux. Pousse au soleil ou à l'ombre ; bien à l'ombre sèche, en compétition avec les racines des arbres. Plantez en mini-mottes ou en pots espacés de 30 à 45 cm. Se naturalise.

***Buchloe dactyloides* (herbe de bison)** C B PN

Cette graminée de saison chaude, qui forme des mottes, est une des principales composantes des grandes prairies de graminées courtes de l'Amérique du Nord. Elle préfère les sols argileux secs en plein soleil. La plante est dioïque, avec des

C Couvre-sol B Bouche-trou AP Arrière-plan

plants mâles et femelles. Les industriels du gazon ont surtout commercialisé des clones femelles aux fleurs insignifiantes, cachées dans le feuillage, et sans pollen. Depuis de nombreuses années, nous cultivons des clones mâles qui ont de très belles petites fleurs sur un feuillage gris-vert et un éclat qui convient mieux à une prairie.

Si vous semez l'herbe de bison, vous aurez des garçons et des filles. Par ailleurs, le gazon est presque toujours femelle. Les plantes sont lentes à s'établir à partir des graines (même si on sème au printemps, le moment idéal) et exigent beaucoup d'attention. Elles s'installent beaucoup plus vite à partir de mini-mottes espacées de 15 à 30 cm ; celles-ci se développent plus vite si on les tond tous les 30 jours après la plantation. La propagation se fait par stolons ; la tonte et la fertilisation aident la prairie à s'étoffer.

L'herbe de bison a ses inconvénients. Son principal défaut est de se faire facilement submerger par le chiendent, qui lui ressemble fortement. Une fois le chiendent dans la place, il est pratiquement impossible de s'en débarrasser avant qu'il n'ait étouffé l'herbe de bison. Celle-ci est aussi facilement envahie par les mauvaises herbes de saison fraîche, notamment dans les prairies côtières. Elle est aussi sensible à la plupart des produits qui tuent les mauvaises herbes à feuilles larges, c'est pourquoi beaucoup la trouvent difficile à cultiver. Pour éviter nombre de ces problèmes, il faut la garder très au sec, une fois installée, ce qui lui est bénéfique et décourage les envahisseurs. Dans notre pépinière de Malibu, nous avons des pelouses de 20 ans que nous n'arrosons que deux ou trois fois par mois en été et elles sont superbes. La plupart des échecs avec l'herbe de bison proviennent d'un abus d'eau et de fertilisant.

Calamagrostis (roseau)

Ce genre étendu offre quelques-uns des plus beaux feuillages et fleurs pour les prairies. Certains sont originaires de l'Amérique du Nord, d'autres sont des espèces européennes ou asiatiques. Certaines sont persistantes et de saison fraîche ; d'autres sont dormantes dans les climats à hiver froid. Les espèces des latitudes Nord poussent médiocrement sous les climats chauds et humides et ont besoin de froid en hiver pour prospérer. La plupart des roseaux préfèrent le plein soleil et un sol fertile et humide. Ceux décrits ci-dessous sont quelques-uns des plus précieux pour une prairie fleurie. Persistants pour la plupart, ils souffrent sous les climats chauds et secs.

Briza media.

Bromus benekenii.

Buchloe dactyloides (mâle).

Calamagrostis × acutiflora 'Avalanche'.

Calamagrostis x acutiflora C B N

Peut-être le plus connu des roseaux, celui-ci a des plumets duveteux rosés, verticaux, qui émergent en mai et deviennent rapidement minces et brun doré. Les inflorescences sont spectaculaires et persistantes en hiver. Il fleurit peu sous les climats chauds où le froid de l'hiver lui manque. Efficace en bancs ou parsemé dans la prairie. Dans la plupart des jardins, les inflorescences culminent entre 1 m et 1,20 m. Plantez en mini-mottes ou en pots espacés de 60 à 90 cm. Poussant à la saison chaude, c'est le coup de pinceau absolu.

Calamagrostis x *acutiflora* 'Avalanche'. Une variété panachée de blanc. C B N

Calamagrostis x *acutiflora* 'Overdam'. Rose et crème au début du printemps, elle pâlit et devient blanche jusqu'en automne. C B N

Calamagrostis brachytricha C B AP N

Cette graminée sylvestre, de saison chaude, a un feuillage arqué et des fleurs de 90 cm à 1,20 m de haut et de large. Le feuillage printanier est d'un vert irisé, jaune orangé en automne. Les fleurs émergent duveteuses en automne, d'un rose teinté de vert. Tolère le plein soleil si l'humidité est suffisante. Préfère l'ombre légère, est une des meilleures graminées à fleurs pour les situations ombragées. Bon arrière-plan, ou parsemée dans la prairie ou en bancs.

Calamagrostis epigejos C B N

Cette graminée de saison chaude, qui se propage vigoureusement, apporte une jolie note dans les anciennes prairies de pâturage, en compétition avec d'autres espèces agressives. Le feuillage et les fleurs de cette espèce sont plus naturalistes que les touffes serrées de *Calamagrostis* x *acutiflora*. Plantez en mini-mottes ou en pots espacés de 30 à 45 cm. Bien en larges nappes au bord de l'eau.

Calamagrostis foliosa C B N

Feuillage, gris-vert, arqué, et fleurs jusqu'à 45 cm. Ombre légère préférable ; arrosage régulier. Plantez en mini-mottes ou en pots espacés de 30 à 45 cm. Un bon choix pour donner du caractère aux prairies basses près des côtes. Bien avec des fétuques. Vie relativement brève.

Calamagrostis nutkaensis C B N

Feuillage vert moyen de 90 cm à 1,20 m de haut. Plein soleil à ombre partielle ; arrosage régulier. Plantez en mini-mottes ou en pots espacés de 90 cm à 1,20 m.

Carex albolutescens C B PN

Originaire de Floride. Cette laîche en touffes, de 10 à 20 cm de haut, au feuillage brillant d'un vert-jaune vif, fait une belle pelouse naturelle au soleil ou à l'ombre. Se ressème agressivement, une tendance qui peut poser un problème si on ne la désire pas. Semble moins agressive dans les endroits secs. Fait une pelouse particulièrement belle sous les climats chauds et humides et sa tendance à se naturaliser peut être un plus dans les zones à fort passage, par exemple avec des chiens. Tolère la plupart des sols. Plantez en mini-mottes ou en pots espacés de 15 à 20 cm.

Carex appalachica (carex des Appalaches) C B PN

Cette jolie laîche en touffes de 10 à 15 cm. de fine texture, fait une belle pelouse naturelle à l'ombre sèche. Elle peut supporter le plein soleil si elle a suffisamment d'humidité mais préfère un peu d'ombre. Bien pour les petites prairies. Plantez en mini-mottes ou en pots espacés de 15 à 20 cm.

C Couvre-sol B Bouche-trou AP Arrière-plan

Carex 'Beatlemania' C B PN

Elle fait une bonne pelouse naturelle de 10 à 15 cm à l'ombre légère. Tolère le plein soleil avec une humidité adéquate mais est plus heureuse avec seulement un peu de soleil pendant les moments les plus chauds de la journée. La panachure jaune est subtile, plutôt comme un reflet. Mieux dans des sols bien drainant. Plantez en mini-mottes ou en pots espacés de 15 à 20 cm.

Carex buchananii (laîche de Buchan) B N

Laîche de Nouvelle-Zélande à vie courte, au feuillage érigé, brun chocolat à cuivré, de 30 à 60 cm. Un bon drainage est nécessaire pour sa survie en hiver dans les zones très froides. Plantez en mini-mottes ou en pots espacés de 45 à 60 cm.

Carex buchananii 'Viridis'

Feuillage vert argenté. Plantez en mini-mottes ou en pots espacés de 45 à 60 cm. B N

Carex comans B N

Une des nombreuses laîches originaires de Nouvelle-Zélande. Plante à vie courte, habituellement d'un vert argenté pâle. Feuillage en touffes, à fine texture, aux feuilles duveteuses ; pousse à 30 cm et dévale les roches et les murs comme de l'eau. Pousse mieux dans un sol acide humide mais bien drainant, tolérante à la sécheresse, poussera dans n'importe quel sol si le drainage et l'humidité sont satisfaisants. Ne convient pas aux étés humides. Mieux dans une ombre légère. Se naturalise dans les graviers. Plantez en mini-mottes ou en pots espacés de 45 à 60 cm.

Carex comans 'Bronze'. Beau feuillage à fine texture, bronze teinté de rose, 20 à 30 cm de haut. Plantez en mini-mottes ou en pots espacés de 30 à 45 cm. B N

Carex comans 'Frosted Curls'. Feuilles vert pâle aux extrémités caractéristiques, bouclées en vrille. Plantez en mini-mottes ou en pots espacés de 30 à 45 cm. B N

Calamagrostis brachytricha.

Carex dipsacea (laîche d'automne) B N

Laîche de Nouvelle-Zélande, intéressante, au feuillage vert bronze. À vie souvent courte, atteint une hauteur de 45 cm.

Carex divulsa (laîche divergente) C B

Originaire d'Europe. Cette laîche vert foncé, en touffes, est un des meilleurs couvre-sols pour prairie. On peut la maintenir plus courte que ses 30 à 45 cm de hauteur habituels en la coupant de temps en temps. Supporte le soleil ou l'ombre, l'argile ou le sable ; c'est la valeur sûre de la plupart des prairies que j'ai créées. Persistante sous tous les climats sauf les plus froids. Accepte la compétition avec les racines des arbres et peut même pousser sur les côtes très exposées, dans le sable des dunes. Supporte aussi l'humidité jusqu'aux conditions marécageuses. A des fleurs

Carex divulsa.

insignifiantes suivies de capsules de graines brunes ; beaucoup de jardiniers les coupent avant qu'elles mûrissent pour que les plantes gardent un aspect soigné. Plantez en mini-mottes ou en pots espacés de 30 à 45 cm. Certaines peuvent se naturaliser. De loin une des plus polyvalentes et faciles à cultiver de toutes les laîches couvre-sols.

Carex dolichostachya C B N

Du Japon et de Taïwan. Encore une *Carex* japonaise au beau feuillage persistant et à la belle texture, de 25 à 45 cm de haut et de large. Vit plus longtemps que beaucoup de laîches. Mieux à l'ombre légère avec de l'humidité et un bon drainage. Plantez en mini-mottes ou en pots espacés de 20 à 30 cm.

Carex dolichostachya 'Kaga Nishiki'. Subtile panachure or : la plante paraît plus dorée que panachée. Des mutations qui redeviennent vertes font de bons couvre-sols aussi. Plantez en mini-mottes ou en pots espacés de 20 à 30 cm.

Carex eburnea C B PN

Cette laîche fait une belle pelouse à l'ombre sèche. Les plantes peuvent brunir un peu en été mais reverdissent avec les températures fraîches de l'automne. Plantez en mini-mottes ou en pots espacés de 15 à 20 cm.

Carex flacca (laîche glauque) C B PN

Originaire d'Europe et d'Afrique du Nord. Ne convient pas pour de grandes surfaces mais cette laîche rampante, qui se propage lentement, peut faire, quand elle est bien située, une belle pelouse d'un bleu argenté, haute de 15 à 20 cm de haut. Pousse dans des conditions légèrement ombragées. Les nombreuses formes dans le commerce peuvent varier depuis les clones courts et bleus, aux grands verts. Les plantes sont en général plus courtes et plus bleues dans des conditions très ensoleillées et très sèches. Elle est mieux à l'ombre sous les climats de l'ouest et du sud. Plantez en mini-mottes ou en pots espacés de 15 à 30 cm.

Carex flagellifera B N

Une autre laîche de la Nouvelle-Zélande. De nombreuses plantes sont vendues sans être bien connues, sous des noms erronés, et les lignées de graines peuvent produire des individus très variés, matière à confusion là encore. Mais cette plante à touffes de 45 cm est magnifique lorsqu'elle est bien située. Ses longues feuilles souples, dans différentes nuances de brun, s'allongent lorsque la plante a atteint son stade adulte. Mieux en plein soleil ou à l'ombre légère avec de l'humidité et un bon drainage. Plantez en mini-mottes ou en pots espacés de 60 à 90 cm.

Carex flagellifera 'Bronze Delight'. Feuilles couleur bronze. B N
Carex flagellifera 'Coca Cola'. Feuilles couleur coca-cola. B N
Carex flagellifera 'Toffee Twist'. Feuilles couleur caramel clair. B N

Carex grayi (laîche massue) C B N

Une belle laîche d'un vert vif, à l'air tropical, avec de magnifiques capsules de graines vert vif. Feuillage en touffes, de saison chaude, de 60 à 90 cm de haut, fait merveille dans des situations de sous-bois (ombre et humidité) avec un sol riche en

C Couvre-sol B Bouche-trou AP Arrière-plan

humus. À parsemer dans des prairies ombragées. Plantez en mini-mottes ou en pots espacés de 60 à 90 cm. Les capsules de graines ressemblent à de petites massues pointues. Les enfants les adorent.

Carex morrowii (laîche japonaise) C B N

Cette populaire laîche couvre-sol vit plus longtemps sous les latitudes nord ; elle fait une belle touffe de feuillage d'un vert sombre luisant, la plupart du temps persistant, de 20 à 30 cm de haut. Souvent confondue avec *Carex oshimensis*, une autre japonaise. L'espèce botanique est rarement disponible ; on ne trouve que les formes panachées dans les pépinières. Mieux dans l'ombre légère avec un arrosage régulier et un bon drainage. Conservez les reversions aux formes vertes, qui sont utiles aussi. Plantez en mini-mottes ou en pots espacés de 30 à 45 cm.

Carex morrowii 'Gold Band'. Les feuilles sont marginées d'un jaune crémeux. C B N

Carex morrowii 'Ice Dance'. Crème, bordée de blanc. C B N

Carex morrowii var. *temnolepis*. Forme à la belle texture avec des panachures blanches presque argent. Mieux dans une ombre légère. Étonnante tolérance à la chaleur, une fois installée si l'humidité est satisfaisante. C B N

Carex morrowii 'Variegata'. Les minces bords blanc argenté sont plus surlignés que véritablement panachés. Une variété ancienne mais toujours intéressante. C B N

Carex muskingumensis (laîche palmée) C B N

Cette laîche de saison chaude, qui se propage lentement, est un autre très bon couvre-sol pour le soleil ou l'ombre légère. Préfère un sol humide sous les climats chauds ; autrement est étonnamment résistante, poussant dans toute une variété de sols et de conditions. Il existe des formes miniatures et panachées. Vert vif, le feuillage arbore un air tropical. Il est superbe, de couleur cuivre, en automne et en hiver. Plantez en mini-mottes espacées de 30 à 45 cm.

Carex muskingumensis 'Ice Fountains'. Brillante panachure blanche. C B N

Carex muskingumensis 'Little Midge'. Jolie forme naine de 20 cm. C B N

Carex muskingumensis 'Oehme'. Marginée d'or. C B N

Carex dolichostachya 'Kaga Nishiki'.

Carex flagellifera.

Carex morrowii 'Gold Band'.

Carex muskingumensis.

Carex pansa.

Carex oshimensis 'Evergold'.

Carex oshimensis C B N

Cette laîche couvre-sol, résistante, est très adaptable. Elle produit d'épaisses touffes d'un beau feuillage persistant, de 20 cm de haut.

Carex oshimensis 'Evergold'. Forme panachée, souvent appelée de façon erronée 'Old Gold', 'Evergate', 'Variegata' et 'Aureo-variegata'. Bien mais souffre de l'extrême chaleur dans les sites très ensoleillés. En général à vie courte mais mérite d'être replantée si elle disparaît.

Carex pansa C B PN

De la Californie à l'Alaska. Cette laîche rampante fait une belle pelouse naturelle. Originaire des dunes de sable du littoral, elle supporte aussi les climats chauds et les sols argileux. Certains botanistes la classent parmi *Carex praegracilis*, mais quel que soit le nom de l'espèce retenue, cette laîche a fait ses preuves avec le temps. *Carex pansa* peut être maintenue entre 1,25 et 5 cm de hauteur avec deux à trois tontes par an. Elle est à la fois versatile et fiable. Mieux au soleil ou à l'ombre légère. Plantez en mini-mottes espacées de 15 à 30 cm.

***Carex pendula* (grande laîche pleureuse)** C B AP N

Note fleurie polyvalente, pour l'ombre ou le soleil, cette laîche, persistante la plupart du temps, a un feuillage lustré, vert foncé, de 90 cm à 1,20 m de haut et de large, avec de longues tiges florales arquées d'où pendent des fleurs de 10 cm. comme des chatons couleur chocolat. Une grande graminée à fleurs pour arrière-plan, notamment pour des jardins de sous-bois ombragés et humides. Elle peut pousser au soleil, avec beaucoup d'humidité. Tolère une grande variété de sols et de climats tant que l'humidité est suffisante. Plantez en mini-mottes ou en pots espacés de 90 cm à 1,50 m. Très belle en masse avec des fougères.

Carex pensylvanica C B PN

Originaire des terrains boisés. Une espèce extrêmement variable, souvent présente dans des terrains secs sablonneux. Peut pousser en plein soleil avec une humidité suffisante, mais est toujours plus belle à l'ombre. Se propage lentement et peut supporter d'être piétinée et négligée. Les clones peuvent varier beaucoup, c'est pourquoi il est préférable de rechercher des clones ou des producteurs près de chez soi. Les plantes devenant de plus en plus recherchées, il est probable que de nouvelles variétés vont apparaître. Plantez en mini-mottes espacées de 15 à 30 cm.

C Couvre-sol B Bouche-trou AP Arrière-plan

Carex perdentata C B PN

Originaire du Sud-ouest des États-Unis. Le feuillage jaune-vert vif de cette laîche peut être plutôt vert chartreuse en plein soleil et d'un vert plus sombre dans les situations ombragées. Ses touffes de douces feuilles poussent en plein soleil ou à l'ombre, et font une pelouse de 10 à 20 cm de haut ; mais là encore la couleur dépend de l'exposition. Se plaît sous les chênes. Plantez en mini-mottes espacées de 15 à 30 cm.

Carex phyllocephala C B

Graminée en touffes, de saison chaude, remarquable, au feuillage architectural de 60 cm. Rarement proposée comme espèce, aussi les reversions sont à protéger.

Carex phyllocephala 'Sparkler' (feu de Bengale). Cette variété panachée de blanc, qui porte bien son nom, est celle que l'on trouve couramment. Préfère une ombre partielle mais peut pousser en plein soleil si le sol est assez humide. C B N

Carex plantaginea (laîche à feuilles de plantain) C B

Originaire du Nord-Est des États-Unis, voici une belle laîche couvre-sol qui vit longtemps et se propage lentement. Une laîche de saison chaude aux feuilles d'un beau vert vif qui pousse en une touffe nette de 15 à 30 cm de haut et de large. Les feuilles ressemblent à celles du plantain. Mieux à l'ombre avec un humus riche et suffisamment d'humidité. Trop de soleil jaunit les feuilles. Plantez en mini-mottes ou en pots espacés de 15 à 30 cm. Magnifiques avec des fougères, en larges traînées ou en bancs.

Carex platyphylla (laîche à larges feuilles) C B N

Semblable à *Carex plantaginea*, peut être utilisée de la même manière, mais plus persistante, avec de belles feuilles bleu argenté. Atteint 15 cm de haut. Une autre belle graminée qui devrait être utilisée en couvre-sol dans des prairies ombragées. Plantez en mini-mottes ou en pots espacés de 20 à 30 cm.

Carex praegracilis C B PN

De nombreuses formes existent, variant en hauteurs, textures et ports. Elle est très proche de *Carex pansa*, avec laquelle les botanistes et les horticulteurs l'ont longtemps confondue et son statut reste instable. Il vaut mieux savoir où votre fournisseur se procure ses clones car beaucoup peuvent être plus grands ou aimer davantage l'humidité que d'autres. Le type est une laîche

Carex phyllocephala.

la plupart du temps persistante, qui se propage, en rampant lentement, et fait une très belle pelouse naturelle. Elle tolère une exposition côtière très exposée et une grande variété de sols, y compris le sable et l'argile. Mieux en plein soleil ou en ombre légère. Plantez en mini-mottes ou en pots espacés de 15 à 30 cm.

Carex remota (laîche espacée) C B

Une bonne laîche couvre-sol en touffes, persistante en climat doux, virant au bronze dans les régions aux hivers froids. Pousse au soleil ou à l'ombre ; préfère un arrosage régulier.

Carex plantaginea.

Carex praegracilis.

Carex testacea.

Le feuillage, d'une belle texture, d'un vert moyen, atteint 20 à 40 cm de haut mais peut rester plus court avec des coupes occasionnelles. Reste plus courte dans des situations très ombragées ou très sèches. Plantez en mini-mottes ou en pots espacés de 30 à 45 cm. Nette et soignée, c'est un excellent choix pour des plantations en masse.

Carex siderosticha C B N

Cette laîche de saison chaude, du Japon et de la Corée, ressemble à *Carex plantaginea* et *C. platyphylla* par sa culture et ses feuilles. Plusieurs formes panachées et à feuilles dorées existent mais l'espèce botanique est intéressante bien que rarement proposée. Les plantes forment des colonies basses et sont magnifiques comme notes tropicales ou de sous-bois, en traînées ou en bancs. Plantez en mini-mottes ou en pots espacés de 15 à 30 cm.

Carex siderosticha 'Banana Boat'. Feuilles au cœur jaune-vert, marginées de vert foncé. C B N

Carex siderosticha 'Lemon Zest'. Solides feuilles vert-jaune. C B N

Carex siderosticha 'Variegata'. Feuilles vertes striées de blanc notamment sur les bords. C B N

Carex testacea (laîche orange) B N

Peut-être la plus orange de toutes mais, comme la plupart des laîches de Nouvelle-Zélande, ne vit en général pas longtemps. Celle-ci a un beau feuillage en touffes, de belle texture, et pousse à une hauteur 60 cm. Mieux au soleil, car sa couleur orange vire au vert lorsqu'elle a trop d'ombre. Autrement, même culture que la plupart des laîches de Nouvelle-Zélande : humidité et bon drainage. Plantez en mini-mottes ou en pots espacés de 60 à 90 cm. Tondez une fois ou deux fois par saison.

Carex texensis C B PN

Cette laîche en touffes fait une belle pelouse naturelle, surtout dans des situations ombragées. Jaune-vert en plein soleil, les plantations sont toujours plus belles à l'ombre. Les tiges florales longues et souples ressemblent à du feuillage ; les fleurs et les capsules de graines sont remarquables. Son port tapissant permet que l'on marche sur elle. Atteint 10 à 15 cm de haut. Pousse dans le sable ou l'argile, est tolérante à la sécheresse, une fois installée. Accepte la compétition avec les racines des arbres. Plantez en mini-mottes ou en pots espacés de 15 cm. Tondez une ou deux fois par saison.

C Couvre-sol B Bouche-trou AP Arrière-plan

Chasmanthium latifolium C B N

Cette magnifique graminée à fleurs, qui aime l'ombre, est originaire des rives de cours d'eau et de fleuves à travers l'est des États-Unis. Le feuillage vert vif, qui ressemble à celui du bambou, de 90 cm à 1,20 m de haut, ploie souvent sous le poids de ses ravissantes capsules de graines. Une graminée de saison chaude d'une belle couleur automnale et d'une forme hivernale intéressante. Les fleurs, comme des épis d'avoine aplatis, émergent roses teintées de vert et deviennent or en séchant. Elles sont persistantes et encore belles en hiver. Pousse dans la plupart des sols. Tolérante à la sécheresse une fois installée. Semez ou plantez en pots espacés de 30 à 60 cm. Se ressème facilement dans les sols humides mais sans problème dans la plupart des jardins.

Cortaderia selloana (herbe de la pampa) AP N

Les touffes de cette graminée, tolérante à la sécheresse, atteignent 1,80 à 3 m de haut et de large. Des plumets spectaculaires dépassent de 1,20 à 1,80 m le feuillage gris-vert aux bords coupants. Elle tolère la plupart des sols et les vents secs, chauds et des côtes. Persistante, *Cortaderia selloana* apporte en arrière-plan, une touche théâtrale, avec laquelle peu d'autres graminées peuvent rivaliser. Il existe de nombreuses variétés dans le commerce – certaines des meilleures sont mentionnées ici. Plantez en pots espacés de 1,20 à 1,80 m.

Cortaderia selloana 'Gold Band'. Compacte, au feuillage marginé de doré, 90 cm à 1,80 m de haut et de large, aux inflorescences spectaculaires qui se dressent à 1,20-1,80 m au-dessus du feuillage. Superbe en arrière-plan ou en isolé. AP N

Cortaderia selloana 'Pumila'. Forme « naine » au feuillage de 90 cm à 1,80 m et aux inflorescences magnifiques qui le dépassent de 90 cm-1,20 m. Plus dense dans les sites très secs, non invasive. AP N

Cortaderia selloana 'Silver Stripe'. Feuillage panaché de blanc, de 1,20-1,50 m de haut. Les fleurs ne sont pas aussi spectaculaires que les autres. AP N

Cymbopogon citratus (citronnelle) AP N

Originaire d'Inde et d'Asie. Feuillage tropical, persistant, de 90 cm à 1,20 m de haut et de large, en touffes compactes. Vert bleuté jaunâtre, il a une puissante odeur de citron et embaume l'air pendant les jours chauds, même sans être touché. Accepte tous

Chasmanthium latifolium.

Cortaderia selloana 'Gold Band'.

Cyperus alternifolius.

les sols et prospère dans les climats chauds et humides. Mieux en plein soleil mais peut supporter une ombre légère. Tolère les conditions désertiques tant que l'humidité du sol est suffisante. Plantez en pots espacés de 90 cm à 1,50 m. À placer près des endroits où courent les chiens car pour eux c'est un déodorant naturel. Les feuilles et les tiges sont utilisées dans la cuisine asiatique. Les fleurs très belles n'apparaissent que dans les régions subtropicales.

Cymbopogon nardus (citronnelle) AP N

Originaire d'Eurasie. Semblable à *Cymbopognon citratus* mais avec des feuilles plus étroites et une floraison plus abondante. Feuillage parfumé, source de l'huile de citronnelle, qui éloigne les insectes.

Cyperus albostriatus (souchet diffus) C B N

Originaire d'Afrique du Sud, ce beau papyrus nain en touffes, au feuillage persistant, pousse à 45 cm de hauteur. Excellent en arrière-plan sous les climats doux, il se plaît davantage à l'ombre dans un sol humide. Ne convient pas vraiment à la culture dans l'eau. Plantez en pots espacés de 30 à 45 cm.

Cyperus albostriatus 'Nanus'. Plante plus compacte, de 20 à 30 cm au feuillage vert. C B N

Cyperus albostriatus 'Variegatus'. Panachure blanc-doré diffuse. Les plantes ne survivent pas à des températures de - 2 °C. C B N

Cyperus alternifolius (faux papyrus) AP N

Originaire de l'Afrique de l'Est. Autre papyrus utile comme arrière-plan persistant, cette espèce facile se naturalise volontiers et peut être envahissante dans les sols humides. Fait habituellement des touffes de 1,50 à 1,80 m de haut et de large. Les tiges sans feuilles, vert foncé, sont surmontées de volutes de bractées en ombrelle. Une espèce plus raffinée, non envahissante, *Cyperus textilis*, est d'un vert plus sombre, au port plus colonnaire, plus résistante, et de meilleure compagnie. Plantez en pots espacés de 90 cm à 1,50 m. Bien au bord de l'eau et dans les sites marécageux.

Cyperus involucratus (souchet à feuilles alternes) AP N

C'est la plante-ombrelle courante, celle que les pépinières de plantes aquatiques proposent en général comme *Cyperus alternifolius*. Pousse rapidement et quelque peu envahissante à partir des graines. Feuillage persistant, lustré, de 1,20 à 1,50 m de haut et de large ; pousse au soleil et à l'ombre et absolument dans n'importe quel sol.

Cyperus involucratus 'Gracilis'. Une jolie forme miniature, de 60 cm seulement, sans tendance au semis spontané. C B N

Cyperus longus (souchet odorant) C B N

Européenne, de 90 cm à 1,20 m. De saison chaude, au feuillage comme celui du papyrus, se propage lentement. Bien sous des

C Couvre-sol B Bouche-trou AP Arrière-plan

climats très frais, peut pousser dans l'eau ou les sols humides. Prospère aussi au soleil ou à l'ombre et tolère une grande variété de sols si l'humidité du sol est satisfaisante. Belle couleur automnale, brun orangé. Plantez en pots espacés de 30 à 45 cm.

Cyperus papyrus (papyrus) AP N

Avec ses minces tiges vertes classiques et ses têtes fleuries larges et rondes, qui ressemblent à des étoiles en formation, le papyrus fait un arrière-plan persistant, spectaculaire dans des lieux tropicaux, poussant jusqu'à 3 à 4,50 m de haut, en larges touffes dressées, qui se propagent lentement au soleil ou à l'ombre. Cette espèce préfère les sols humides et peut pousser dans l'eau. Le feuillage est endommagé à 0 °C et meurt à - 6 °C. Plantez en mini-mottes ou en pots.

Cyperus papyrus 'Tutankhamun'. Forme compacte, de 90 cm à 1,20 m de haut. B N

Cyperus prolifer B N

D'Afrique du Sud. C'est la forme naine courante, appelée aussi *Cyperus haspan* ou *C. isocladus*. Elle forme une nette colonne d'un feuillage d'aspect tropical qui atteint 60 à 90 cm. avec des têtes en ombelles qui le dépassent de 8 à 10 cm. Pousse dans l'eau ou dans un sol humide, au soleil ou à l'ombre si l'humidité est suffisante. Non invasive. Plantez en mini-mottes ou en pots espacés de 30 à 45 cm.

Deschampsia cespitosa (canche cespiteuse) C B N

Cette graminée de saison fraîche, en touffes, fait un solide couvre-sol à fleurs. Bien qu'elle puisse pousser sous les climats doux, elle ne prospérera pas si elle ne connaît pas de froid significatif en hiver, et ne peut pas pousser dans le désert ni dans les climats chauds et humides du sud. Mais là où elle pousse, elle est spectaculaire lorsqu'elle est en fleurs et magique dans la prairie. De nombreuses variétés de clones européens existent (les formes allemandes en particulier, trop nombreuses pour être mentionnées) mais les formes nord-américaines ont aussi leur charme. La canche cespiteuse préfère des arrosages réguliers et le plein soleil ou l'ombre légère. Plantez en mini-mottes espacées de 20 à 45 cm.

Deschampsia cespitosa 'David's Choice'. Une variété particulièrement belle. C B N

Cyperus papyrus.

Deschampsia cespitosa 'David's Choice'.

Deschampsia cespitosa 'Goldgehänge'. Pousse à 60-90 cm avec des fleurs pendantes. C B N

Deschampsia cespitosa 'Goldtau'. Précieuse forme compacte de 60 à 90 cm de haut. C B N

Deschampsia cespitosa 'Schottland'. Forme haute, dont les fleurs éclosent comme des nuages d'écume soyeuse verte et deviennent or en séchant. Étonnante lorsqu'elle est éclairée de dos. C B N

Distichlis spicata C B PN

Cette graminée rampante de saison chaude a un fort caractère. En dépit de sa nouvelle végétation piquante, cette graminée d'un vert jaune vif fait une belle pelouse qui peut pousser dans n'importe quel sol, sable ou argile, et tolère des conditions salines et alcalines. Non tondue, elle atteint 5 à 18 cm. Tolère des conditions de sol extrêmes, depuis les secs jusqu'aux marécageux (dans les situations humides elle devient agressive). Utile dans les bassins de biorétention et les sentiers, elle reste basse avec des tontes très peu fréquentes. Tolère les côtes très exposées et aussi l'urine des chiens. Plantez en mini-mottes car les graines sont difficiles à obtenir et à s'établir.

Eleocharis acicularis **(souchet à feuilles aciculaires)** C B

Ce jonc rampant, de saison chaude, forme des colonies basses dans les sols marécageux. Bon couvre-sol dans les sols humides et formidable bouche-trou dans les prairies humides, de 15 à 30 cm de haut, avec des tiges de belle texture, fines comme des aiguilles, terminées par des têtes fleuries bulbeuses. Pousse dans n'importe quel sol s'il y a de l'humidité. Bien dans les bassins de biorétention. Supporte le soleil ou l'ombre légère. Plantez en pots espacés de 20 à 30 cm.

Elymus canadensis **(élyme du Canada)** C B N

Elymus virginicus **(élyme de Virginie)** C B N

Originaires du nord et de l'est des États-Unis. Les deux se ressement et se naturalisent. L'élyme du Canada au feuillage vert, parfois gris-vert, peut atteindre 90 cm à 1,50 m de haut, avec des épis verts drus, comme des queues de renard, qui virent au brun clair et restent attractifs en hiver. La seconde, son homologue sudiste, a le même aspect et le même rôle écologique. Les deux poussent dans une grande variété de sols et d'habitats et sont souvent utilisées par les pépinières dans les mélanges de graines pour les prairies, car elles poussent vite et procurent un couvert

C Couvre-sol B Bouche-trou AP Arrière-plan

pour les plantes de prairie et de grande prairie lentes à pousser. Les deux supportent le soleil avec l'humidité adéquate mais elles sont aussi tolérantes à la sécheresse. Semez ou plantez en pots espacés de 60 à 90 cm. Belles en groupes ou en bancs à la lisière des prairies.

Elymus hystrix B N

Cette mince graminée de saison fraîche, une des meilleures pour les prairies ombragées, pousse en touffes pratiquement verticales de 90 cm à 1,20 m. Les fleurs s'ouvrent verdâtres tachetées de blanc, et deviennent brun clair en vieillissant. Les fleurs de juin restent belles jusqu'en automne. Tolère une grande variété de sols et le plein soleil avec suffisamment d'humidité. Semez ou plantez en pots espacés de 30 à 45 cm. Fait merveille parsemée à travers une prairie ombragée et à la lisière d'un bois.

***Elytrigia elongata* (chiendent allongé)** C B N

Originaire de la Méditerranée. Assez nouvelle dans l'horticulture ornementale, cette graminée de saison fraîche était à l'origine cultivée pour le fourrage et pour la lutte contre l'érosion mais aujourd'hui, elle trouve son chemin dans les jardins prairies pour sa beauté autant que pour sa polyvalence. Poussant en touffes érigées, cette graminée crée une étonnante colonne de minces épis floraux de 1,50 m. Son feuillage vert bleuté et ses épis deviennent jaune paille en automne, ses robustes tiges restent dressées tout l'hiver, créant un effet dramatique dans la prairie hivernale. Tolère une grande variété de sols y compris les sols salins et alcalins. Tolérante aussi à la sécheresse et à la chaleur. Elle se naturalise et peut poser des problèmes si on ne la désire pas. Semez ou plantez en mini-mottes ou en pots espacés de 30 à 60 cm.

***Elytrigia elongata* 'Jose Select'** AP

Variété particulièrement grande et robuste. Mini-mottes ou pots seulement.

***Equisetum* (prêle)**

Equisetum comprend de nombreuses espèces et sous-espèces, de tailles variées, mais ces plantes herbacées ont deux formes principales : érigée et à tige creuse, et très ramifiée et ressemblant à la queue d'un cheval. Toutes se propagent de façon redoutable, à partir de rhizomes et poussent dans n'importe quel sol – depuis l'époque des dinosaures – si elles ont suffisamment d'humidité. Elles peuvent poser des problèmes dans de nombreuses situations

Elymus virginicus.

Equisetum hyemale.

et sont difficiles sinon impossibles à éradiquer, nécessitant des applications répétées d'herbicides. La plupart des jardiniers qui en ont dans leur jardin en ont hérité et nombreux sont ceux qui, les ayant plantées, voudraient ne l'avoir jamais fait mais se résignent à vivre avec. Cependant les prêles sont aimées par beaucoup et peuvent avoir leur place dans une prairie si elles sont placées avec précaution. Plantez en pots espacés de 30 à 45 cm. Elles fonctionnent bien comme sujets en conteneur, en pots sans trou de drainage.

Equisetum hyemale (prêle d'hiver) C B N

Tiges cylindriques à segments, érigées, jusqu'à 90 cm. Persistante dans les climats doux.

Equisetum scirpoides (petite prêle) C B N

Prêle de saison chaude, bronze en automne. Fait un bon couvre-sol, à port bas, de 10 cm.

Equisetum telmateia (grande prêle) C B N

Tiges ramifiées, atteint 1,20 à 1,80 m de haut. Persistante sous les climats doux. Celle-ci ressemble vraiment à la queue d'un cheval (nom de la prêle en anglais).

Eragrostis

Les membres de ce genre sont connus et appréciés pour leurs inflorescences nuageuses et leur beau feuillage. La plupart sont tolérants à la chaleur et à la sécheresse et faciles à cultiver. Ils se naturalisent et vagabondent à travers la prairie si les conditions sont favorables. Certains sont de bonne compagnie sous les climats très froids et infernaux sous des climats très chauds. Beaucoup acceptent une grande variété de sols et de conditions. Lorsqu'ils sont en fleurs, leur capacité à accrocher la lumière est inégalable – même la brise la plus légère les fait scintiller.

Eragrostis chloromelas C B N

Graminée de saison chaude au beau feuillage bleu glauque, de fine texture, de 45 à 60 cm de haut. Les inflorescences nuageuses sont portées à 60 cm au-dessus du feuillage en panicules arquées ébouriffées - étonnantes par une nuit de pleine lune. Tolère la chaleur, la sécheresse et une grande variété de sols. Mieux en plein soleil ou à l'ombre légère. Plantez en pots espacés de 60 à 90 cm. Bien en bancs. Se naturalise abondamment dans les climats chauds et est souvent vendu sous le nom, erroné, de *Eragrostis elliottii*.

Eragrostis curvula C B N

Cette graminée de saison chaude, de fine texture, forme de denses touffes de 60 à 90 cm de haut. Ses fleurs pendantes, sur de minces tiges arquées de 15 cm noires lorsqu'elles éclosent au milieu de l'été, deviennent brun clair en séchant ; elles sont translucides et captent bien la lumière. Sa couleur automnale est un bronze rougeoyant qui vire au brun. Connue pour se ressemer abondamment. Soyez prêt à supprimer les plantules. Se plaît sur les pentes sèches et chaudes, intéressante pour lutter contre l'érosion. Pousse du plein soleil à l'ombre partielle. Semez ou plantez en pots espacés de 60 à 90 cm.

Eragrostis spectabilis C B N
Eragrostis trichodes C B N

Originaires de l'est des États-Unis. Ces deux graminées produisent au milieu de l'été des nuages de fleurs rose rouge à pourpre rouge, qui brillent dans la lumière du petit matin ou du couchant. *Eragrostis spectabilis* forme un coussin net de brillant feuillage, de 45 à 60 cm complètement recouvert de fleurs. *E. trichodes* est presque identique mais plus grand, jusqu'à 1,20 m, avec fleurs si abondantes qu'elles submergent souvent leurs plus proches voisines. Les deux préfèrent le plein soleil et un sol sablonneux et sont souvent présentes, dans la nature, dans des dépressions humides. Elles sont tolérantes à la chaleur et à la sécheresse une fois établies. Semez ou plantez en mini-mottes espacées de 15 à 30 cm. Ces graminées sont d'une beauté à couper le souffle plantées en traînées et en masses. Elles se naturalisent là où elles sont heureuses.

Eragrostis superba C B N

Originaire d'Afrique du Sud. Cette très belle graminée de saison chaude tolère aisément des conditions désertiques de basse et de haute altitude. Ses inflorescences, qui ressemblent à des cascabelles aplaties de serpent à sonnette, portées sur de fortes tiges, scintillent au-dessus du feuillage. Feuillage gris-vert de 30 à 60 cm de haut, avec des épis floraux verts de 15 cm qui émergent au début de l'été, et deviennent brun en vieillissant. Accepte une grande variété de sols et est tolérante à la chaleur et à la sécheresse. Les semis spontanés occasionnels sont faciles à contrôler. Plantez en mini-mottes ou en pots espacés de 60 à 90 cm. Les enfants l'adorent.

Eragrostis curvula.

Festuca amethystina.

Festuca californica.

Festuca mairei.

Festuca amethystina (fétuque améthyste) C B N

Festuca glauca (fétuque glauque ou fétuque bleue) C B N

Ces deux espèces très proches comptent parmi les graminées ornementales les plus populaires chez les jardiniers américains. Leur héritage botanique est trouble et les pépinières confondent souvent les variétés et les noms. Quoi qu'il en soit, les espèces et beaucoup de leurs cultivars apportent de belles notes fleuries et foliaires dans les prairies. Le feuillage, de fine texture, en touffes compactes, atteint 15 à 30 cm de haut et peut aller du vert foncé au bleu métallique en passant par toutes les nuances imaginables. La plupart des cultivars ont de minces et très belles inflorescences qui apparaissent à la fin du printemps et restent attractives pendant tout l'été. *Festuca amethystina* a des fleurs particulièrement belles aux tiges rose pourpré au début de l'été. Les plantes se plaisent en plein soleil ou dans une ombre légère. Les fétuques ont besoin d'un excellent drainage sous les climats à été chaud ; elles ne vivent pas longtemps et sont sujettes aux maladies du sol dans les climats chauds et humides. Elles préfèrent les climats à nuit fraîche et été sec. Plantez en mini-mottes ou en pots espacés de 15 à 20 cm.

Festuca californica C B N

Cette fétuque native de la Côte Ouest forme des coussins de feuillage de fine texture, bleu vert à bleuté, de 45 à 60 cm de haut et de large. De délicates fleurs aériennes sont portées à 45 à 60 cm au-dessus du feuillage. Elle tolère une grande variété de sols si le drainage est correct. Les plantes sont à leur summum sur des pentes exposées au nord avec un peu d'ombre ; elles ne sont pas heureuses sous les climats chauds et peuvent y avoir une vie courte, à moins de les préserver de la sécheresse estivale. Plantez en mini-mottes ou en pots espacés de 30 à 90 cm.

Festuca idahoensis (fétuque d'Idaho) C B N PN

Originaire de l'ouest des États-Unis. Cette graminée en touffes, de saison fraîche et de fine texture, est utile pour une pelouse naturelle, une prairie tolérante à la sécheresse ou un sentier mais aussi comme bouche-trou. Poussant dans la nature du littoral au sommet des montagnes, cette graminée a habituellement un feuillage gris-vert de 15 à 30 cm de haut avec les fleurs typiques de la fétuque à la fin du printemps. Tolère une grande variété de sols et se porte mieux en plein soleil ou à l'ombre légère. Plus tolérante à la sécheresse que *Festuca rubra* et d'autres belles fétuques, elle préfère dormir en été et devient alors blonde dans les prairies. Ne supporte pas l'arrosage en été ni les tontes

C Couvre-sol B Bouche-trou AP Arrière-plan

courtes. Il vaut mieux la semer ; on peut la planter en pots ou en mini-mottes espacés de 15 à 30 cm.

Festuca mairei C B N

Cette graminée en touffes, originaire de la Méditerranée est un des meilleurs couvre-sols pour de grandes surfaces. Poussant jusqu'à 75 cm de haut et 90 cm de large, son feuillage soigné se marie bien avec toute une variété de scènes et de styles. Les fleurs sont remarquables, jamais échevelées ou dominatrices. Cette grande fétuque se plaît au soleil et à l'ombre légère et accepte une grande variété de sols. Tolérante à la chaleur et à la sécheresse, elle pousse bien sous la plupart des climats, sauf le tropical et celui des déserts de basse altitude. Plantez en pots ou en mini-mottes espacés de 60 à 90 cm. Résistante et à vie longue, elle met bien en valeur des graminées aux inflorescences spectaculaires. De nouvelles lignées de graines pourraient avoir des fleurs plus hautes et un feuillage moins délicat.

Festuca rubra C B PN

Cette graminée de saison fraîche, de fine texture, est hybridée et cultivée pour les pelouses depuis de nombreuses années. C'est la principale composante de nombreux mélanges 'No-Mow' et elle fait de belles pelouses. Elle fait merveille dans des sols de terre grasse, sableux, secs ou rocheux, au soleil ou dans une ombre partielle. Elle a tendance à partir en plaques dans les climats chauds. Une fois qu'elle a formé des chaumes compacts elle est sujette aux maladies typiques du gazon. On la sème parfois comme composante supplémentaire dans des prairies de laîches. Facile à semer ou à planter en mini-mottes espacées de 30 à 90 cm.

Glyceria maxima 'Variegata' (glycérie aquatique panachée) B N

Eurasie. Cette graminée de saison chaude atteint 60 cm de haut. Sa panachure linéaire blanche se teinte de rose au printemps. Se plaît en plein soleil ou à l'ombre partielle et tolère une grande quantité de sols, tant qu'ils sont suffisamment humides. Plantez en pots ou en mini-mottes espacés de 30 à 45 cm. A besoin d'un froid hivernal pour prospérer.

Hakonechloa macra (herbe du Japon) B N

Originaire du Japon. Graminée de saison chaude en touffes, à vie longue, au beau feuillage vert, ressemblant au bambou. Se plaît dans un sol frais et humide avec une ombre légère et un

Hakonechloa macra.

froid rigoureux en hiver. Médiocre dans les déserts chauds subtropicaux et les climats secs du sud-ouest, aux sols alcalins et peu arrosés. Bien située, son feuillage fait merveille. Les nombreuses formes panachées et dorées sont utiles comme plantes de caractère mais la simple espèce verte est une des meilleures graminées pour prairies de sous-bois que vous puissiez planter. Magnifique couleur automnale et hivernale - rouge orangé cuivré. Plantez en pots ou en mini-mottes espacés de 45 à 60 cm. Bien en bancs ou en groupes parsemés à travers la prairie.

Helictotrichon sempervirens (avoine vivace) B N

Europe. Cette graminée de saison fraîche, en touffes compactes, est une graminée ornementale populaire pour les massifs de vivaces mais peut aussi être très utile dans de nombreuses prairies. Son feuillage bleu métallique pousse jusqu'à 60 cm et, lorsque le froid hivernal est suffisant, est surmonté de fleurs magnifiques, 30 à 45 cm au-dessus des feuilles. À vie généralement courte, elle a besoin d'un bon drainage pour prospérer. Se plaît en plein soleil ou à l'ombre légère, sous des climats aux nuits d'été fraîches. Tolérante à la sécheresse une fois établie. Plantez en pots ou en mini-mottes espacés de 45 à 60 cm. Intéressante note foliaire, en bancs et en groupes.

Hierochloe occidentalis C B N

Originaire de l'ouest des États-Unis. Graminée en touffes, parfumée et la plupart du temps persistante. A besoin d'ombre, d'un sol humide et acide pour s'épanouir. Plantez en pots ou en mini-mottes espacés de 30 à 45 cm.

Hierochloe odorata (avoine odorante) C B N

Circumboréale. Cette graminée de saison chaude, très répandue, est souvent coupée et tressée pour être brûlée comme l'encens. Elle préfère les sols humides et l'ombre légère. Forme des colonies rampantes d'un feuillage vert huileux et odorant, de 30 à 60 cm. Les fleurs sont délicates et agréablement parfumées. À utiliser sur les bords des sentiers. Plantez en pots ou en mini-mottes espacés de 20 à 25 cm.

Hordeum jubatum (orge à crinière) B N

Originaire de l'Amérique du Nord. Cette superbe graminée à fleurs ne se plaît pas dans un sol chaud et humide. Les fleurs sont aériennes. Se resseme facilement. Le feuillage en touffes, gris-vert, atteint 60 à 75 cm.

Imperata cylindrica 'Rubra' (herbe sanglante) B N

Originaire du Japon. La plante originelle est un clone compact qui forme lentement une vaste colonie ; les feuilles aux extrémités cramoisies virent au rouge flamboyant en automne. De 30 à 40 cm de haut seulement, normalement elle ne fleurit pas et n'est pas invasive. Malheureusement cette plante à tendance à retourner au caractère agressif de sa structure génétique. Cette tendance est plus prononcée dans les climats au froid hivernal insuffisant, et concerne notamment les plantes multipliées *in vitro*.

L'herbe sanglante pousse mieux dans un sol fertile, humide et bien drainant et en plein soleil. Plantez en pots espacés de 20 à 30 cm. En dépit de son problème potentiel, aucune autre graminée n'est aussi magique quand elle est éclairée de dos par la lumière du couchant ou du petit matin. Saisissante note foliaire. Pousse médiocrement si ne connaît pas un froid hivernal rigoureux.

Isolepis cernua B N

Ce jonc à épis en touffes denses a des tiges vert vif qui se terminent par de petites têtes fleuries et ressemblent à de très fines fibres optiques. Pousse dans l'eau ou dans un sol humide, au soleil ou à l'ombre, tant que l'humidité est suffisante. Accepte une grande variété de sols. La plante forme un monticule compact qui, avec l'âge, dépérit au centre. Magnifique dans les jardins de marécage ; son feuillage, comme une tignasse, fascine les enfants.

Juncus (jonc)

Juncus est un genre cosmopolite de plantes herbacées. Son habitat naturel est un sol humide ou mouillé. Depuis des espèces miniatures jusqu'à de très grandes, ils peuvent atteindre 1,50 à 1,80 m. La plupart des joncs ont des tiges cylindriques et un feuillage la plupart du temps vertical. Leurs feuilles ont des nuances variées, depuis le vert vif au vert sombre, et de l'argent au gris. Certains sont en touffes ; d'autres ont de gros rhizomes et peuvent former des colonies très denses. La plupart sont persistants sous les climats doux et beaucoup restent verts même sous les climats à hiver froid. Pour votre prairie, utilisez des clones locaux autant que possible ; les variétés qui se propagent vigoureusement ne conviennent qu'aux grandes prairies. La plupart des joncs tolèrent une grande variété de sols bien qu'ils prospèrent dans des emplacements humides. La plupart sont plantées en mini-mottes ou en pots, d'autres sont semées.

Juncus effusus (jonc épars, jonc tortueux) C B N

En touffes et érigé, arqué, vert, jusqu'à 1,20 m.

Juncus effusus 'Carman's Japanese'. Une sélection du pépiniériste californien Ed Carman, rapportée du Japon et traditionnellement plantée pour porter chance. Tiges vertes, de fine texture, portant de magnifiques capsules de graines brunes. C B N

Juncus effusus 'Gold Strike'. Raides tiges érigées, aux subtiles panachures linéaires dorées. C B N

Juncus effusus 'Unicorn'. Tiges spiralées vert sombre. B N

Juncus inflexus (jonc glauque) C B N

Robuste jonc d'une hauteur de 60 cm à 1,20 m. Son feuillage gris est assez raide et supporte des conditions très sèches. Plantez au soleil ou dans une ombre légère.

Juncus inflexus 'Afro'. Forme aux tiges fortement spiralées, un des meilleurs joncs « bouclés » pour les climats doux ou chauds. Plantez en pots espacés de 60 à 90 cm. B N

C Couvre-sol B Bouche-trou AP Arrière-plan

Juncus mexicanus C B

Originaire de l'ouest des États-Unis. Se propage de façon agressive ; jonc tolérant au sel ; feuillage vert bronze qui atteint 60 à 90 cm. Bien pour les bassins de biorétention et des terrains humides artificiels.

***Juncus pallidus* (jonc javelin)** C B N

Tiges verticales vertes, de 1,20 à 1,50 m de haut. Un des meilleurs grands joncs persistants pour les climats chauds. Plantez en pots ou en mini-mottes espacés de 60 cm à 1,20 m.

Juncus patens C B N

Persistant dans les climats doux et capable de résister à la sécheresse pendant de courtes périodes.

Juncus patens 'Elk Blue'. Forme à tiges bleu-vert, de Randy Baldwin en Californie. Plantez en pots ou en mini-mottes espacés de 60 à 90 cm. C B N

Juncus polyanthemos AP N

Natif d'habitats marécageux, la plupart près de la côte australienne. Le feuillage gris en touffes, est persistant sous les climats très doux et peut atteindre une hauteur et une envergure de 1,20 m. Préfère le plein soleil et tolère étonnamment la sécheresse. Plantez en pots ou en mini-mottes espacés de 1,20 à 1,50 m.

***Juncus tenuis* (jonc grêle)** C B

Jonc vert en touffes courte, de 15 à 30 cm. Peut être utile car se naturalise dans les sols humides. Tolère le passage et peut être tondu. Plantez en pots ou en mini-mottes espacés de 30 à 60 cm.

***Koeleria macrantha* (koelérie à crête)** C B N PN

Circumpolaire dans l'hémisphère Nord. On commence à trouver cette graminée de saison fraîche dans les pelouses naturelles. Elle est encore très peu expérimentée. Probablement mieux sur les côtes ou en altitude dans l'ouest. Pour les pelouses, il vaut mieux la semer ; la plantation en mini-mottes serait trop compacte. Elle peut brunir un peu en été et reverdir en automne. Trop d'arrosages favorisent les maladies du gazon. Pour la prairie, c'est une très bonne graminée qui fleurit à la fin du printemps.

Juncus effusus.

Juncus polyanthemos.

Juncus polyanthemos.

Leymus arenarius 'Glaucus'.

Leymus (élyme)

Répandu dans les zones tempérées d'Eurasie et d'Amérique du Nord. L'élyme est un groupe de graminées robustes ; beaucoup sont originaires de l'ouest des États-Unis. La plupart sont de saison fraîche mais les espèces de l'intérieur des terres et celles des climats froids sont dormantes en hiver. La plupart sont tolérantes à la sécheresse et aux conditions salines et alcalines.

Leymus arenarius (élyme des sables) C B N

Leymus arenarius 'Findhorn'. Jolie forme compacte à petites feuilles, européenne, de 30 cm de haut. C B N

Leymus arenarius 'Glaucus'. Nord de l'Europe. Une graminée des dunes de saison fraîche, de 60 à 90 cm de haut, au feuillage bleu métallique, qui se propage de façon agressive par rhizomes. Accepte tout sol y compris le sable des dunes et les côtes très exposées. Les fleurs d'un brun clair sont portées à 60-90 cm au-dessus du feuillage. Mieux en plein soleil. Supporte le vent et peut être un couvre-sol efficace dans les sites rudes. Plantez en pots espacés de 45 à 60 cm. C B N

Leymus cinereus C B AP N

Originaire de l'ouest des États-Unis, dans l'intérieur froid des terres et les hautes altitudes de l'ouest. Bonne grande graminée pour arrière-plan, en traînées ou en bancs ; crée des effets dramatiques et même tropicaux dans les prairies de l'ouest. Se propage lentement. Feuillage gris-vert, souvent argent, de 90 cm à 1,50 m de haut, avec des épis de fleurs brun clair plus hauts de 90 cm à 1,50 m. Préfère le plein soleil ou l'ombre légère. Persistante sous les climats doux, peut être dormante en hiver sous les climats froids. Tolère l'extrême chaleur avec une humidité satisfaisante et est plus tolérante au froid que les espèces côtières. Supporte la chaleur et une grande variété de sols. Plantez en pots ou en mini-mottes espacés de 60 à 90 cm.

Leymus condensatus C B N

Ouest des États-Unis. Cette graminée persistante et robuste, qui se propage lentement, pousse sur les pentes humides et les ravins abrupts du sud de la Californie. Accepte les sols lourds ou le sable des dunes. Le feuillage de 1,20 à 1,50 m est dépassé de 90 cm à 1,20 m par des inflorescences verticales d'un brun clair. Le feuillage luisant, vert, supporte le vent et fait un bel arrière-plan dans les prairies du littoral. Mieux en plein soleil.

C Couvre-sol B Bouche-trou AP Arrière-plan

Extrêmement tolérante à la sécheresse, mais plus courte dans les lieux secs. Semez ou plantez en pots espacés de 90 cm à 1,20 m.

Leymus condensatus 'Canyon Prince'. Forme très dense aux feuilles bleues, de 90 cm à 1,20 m de haut. Plantez en pots espacés de 60 à 90 cm. C N

Leymus mollis C B N

Nord des États-Unis. Cette graminée de dune, remplacée sur de nombreuses côtes par *Ammophilla arenaria* plus agressive, se propage par rhizomes pour former de grandes colonies sur les rivages sablonneux. Persistante sous les climats doux, cette espèce est d'un bleu plus doux que *Leymus arenarius* avec un port plus souple et plus ouvert. Bien qu'elle soit originaire des dunes, elle tolère les sols argileux et, quand elle est établie, la sécheresse. Mieux en plein soleil. Plantez en pots ou en plants à racines nues espacés de 30 à 60 cm. Ces derniers doivent être plantés jusqu'à la couronne et maintenus humides jusqu'à ce qu'ils soient établis. Précieuse pour stabiliser les dunes et comme couvre-sol dans les jardins côtiers.

Leymus triticoides C B

Ouest des États-Unis. Cette graminée de saison fraîche est une des plus résistantes graminées de base pour les prairies de l'ouest ; mieux que toute autre graminée originaire de l'ouest, elle reste verte très longtemps pour une quantité d'eau infime. Dans la nature, son mince feuillage vert à bleu-vert, atteint 45 à 90 cm selon l'humidité du sol et ses caractères clonaux. Dans un sol fertile et humide elle peut se propager de manière agressive ; dans des sites moins idéals pour elle, c'est un couvre-sol robuste et fiable. Tolère une grande variété de sols et des conditions qui vont des dunes de sable très exposées à des vallées intérieures chaudes et au sol lourd argileux. Bien dans les bassins de biorétention. Supporte des conditions salines et alcalines. Se plante facilement en pots ou en mini-mottes espacés de 45 à 60 cm. Développement lent à partir des graines. Trop agressive pour les petits jardins mais extrêmement utile pour les plantations à grande échelle.

Leymus triticoides 'Elkhorn Green'. Jolie forme compacte, verte, de 30 cm. C B

Leymus triticoides 'Gray Dawn'. Forme argentée, de 90 cm. C B

Leymus condensatus 'Canyon Prince'.

Leymus triticoides.

Luzula (luzule)

Originaire de tout l'hémisphère Nord. Les luzules, un groupe de plantes très peu utilisées, sont des composantes essentielles des prairies ombragées. Les deux le plus souvent plantées sont *Luzula sylvatica* (luzule des bois) et *Luzula nivea* (luzule blanche). Les deux apportent de très belles notes fleuries au début du printemps dans les lieux ombragés. La première a tendance à avoir des feuilles duveteuses, qui étincellent avec la rosée ou luisent avec le gel. Toutes deux préfèrent l'ombre ou l'ombre partielle et beaucoup sont tolérantes à la sécheresse dans l'ombre sèche des sous-bois. Parfaites associées aux laîches (dont le charme est pareillement sous-estimé par la plupart des jardiniers), là où elles entrent en compétition avec les racines des arbres. Elles se plaisent davantage dans les sous-bois avec de l'humidité et un bon drainage. Plantez en pots ou en mini-mottes espacés de 30 à 45 cm.

Luzula nivea B N

Feuillage gris-vert argenté, fleurs blanches spectaculaires. Le feuillage, de 15 à 20 cm. est dépassé de 20 à 25 cm par les fleurs.

Luzula sylvatica C B N

Feuilles d'un beau vert, de 15 à 30 cm. Fleurs brunes, de 30 à 45 cm au-dessus du feuillage.

Luzula sylvatica 'Aurea'. Forme aux feuilles dorées. C B N

Luzula sylvatica 'Hohe Tatra'. Variété à feuilles larges. C B N

Luzula sylvatica 'Marginata'. Feuillage bordé d'argent. C B N

Melica (mélique)

Originaire des régions tempérées du monde. Souvent dédaignées dans les massifs de vivaces, ces graminées, pour la plupart de saison fraîche, font merveille dans une prairie. Les méliques commencent à pousser tôt dans la saison, fleurissent au printemps et sont dormantes – même brunes – en été. Mais leurs fleurs délicates, soyeuses ou vaporeuses, sont irrésistibles – on ne peut s'empêcher de les toucher – et d'une luminosité aérienne. La plupart prospèrent dans des sols fertiles bien drainés, mais certaines espèces peuvent supporter des sols secs par périodes. La plupart se cultivent facilement à partir des graines. Parsemez la prairie de méliques pour la ponctuer de notes fleuries qui capteront la lumière et la brise. Utiles en bancs ou isolées. La plupart se portent mieux avec des nuits fraîches et des étés secs.

Melica altissima B N

Originaire de Russie. Plantes verticales de 90 cm à 1,20 m, au feuillage rubané vert et aux fleurs vaporeuses. Semez ou plantez en pots ou en mini-mottes.

Melica altissima 'Alba'. Têtes fleuries blanches, crème en fanant. B N

Melica altissima 'Atropurpurea'. Fleurs pourpres, brun clair en fanant. B N

Melica ciliata (mélique ciliée) C B N

Eurasie, Afrique du Nord. Avec ses tiges florales arquées et ses jolies fleurs vaporeuses, d'un blanc crème, cette graminée est une star des prairies. De 45 à 60 cm à la floraison printanière, elle est étonnante éclairée de dos. Elle a souvent une vie courte, aussi éparpillez-la à travers la prairie et laissez-la se ressemer. Semez ou plantez en pots ou en mini-mottes.

Melinis nerviglumis B N

Cette native d'Afrique du Sud est une graminée en touffes persistante, au doux feuillage bleu-vert, qui atteint 15 à 30 cm surmonté de fleurs rose vermeil qui le dépassent de 15 à 30 cm et deviennent brun clair en séchant. Supporte une grande variété de sols, est aussi tolérante à la sécheresse. Un bon drainage est essentiel lorsque les étés sont humides. Plantez en pots ou en mini-mottes espacés de 30 à 45 cm. Ne vit pas particulièrement longtemps et est très intéressante comme annuelle dans les climats froids.

Melinis repens B N

Cette graminée, à la floraison abondante et qui se resseme facilement. Pourtant, ses fleurs roses nuageuses et spectaculaires sont des notes fleuries utiles dans les jardins chauds, humides et secs. Sensible au gel, elle est tuée par les premiers gels rigoureux sous les climats froids ; mais elle y fait une jolie annuelle, se répandant et s'affalant à travers la prairie. Le feuillage bleu-vert forme des mottes souples et bouffantes, de 60 à 90 cm de haut et de large. Les fleurs rose vermeil éclosent pendant tout l'été et restent belles sur la plante jusqu'en automne. Tolère presque tous les sols et même les conditions côtières. Mieux

C Couvre-sol B Bouche-trou AP Arrière-plan

Luzula sylvatica 'Aurea'.

Melinis nerviglumis.

en plein soleil, elle pousse médiocrement dans trop d'ombre. Plantez en pots ou en mini-mottes espacés de 45 à 60 cm. Elle se naturalise mais se contrôle facilement dans la plupart des conditions de jardin.

Milium effusum (millet sauvage) B N

Native de l'hémisphère Nord. Espèce de saison fraîche. Souvent dormante en été. Les feuilles rubanées d'un beau vert, de 30 cm. sont surmontées de fleurs délicates, translucides, qui les dépassent de 30 à 60 cm. Il vaut mieux le semer, en espaçant les graines de 30 à 45 cm.

Milium effusum 'Aureum'. Feuilles jaune d'or, devenant jaune verdâtre en été. B N

Miscanthus floridulus (eulalie gigantesque) AP N

Encore une graminée au passé botanique confus. Cette superbe graminée pour arrière-plan, forme de hautes colonnes de feuillage persistant, surmontées de magnifiques fleurs rouge rosé en automne. Il ne faudrait pas la confondre avec *Miscanthus* x *giganteus*, qui est dormante en hiver et fleurit blanc argenté en automne. Cette espèce pousse à 1,80 à 2,40 m de haut avec un feuillage vert, lustré, qui forme de hautes touffes arquées. Ses feuilles, de 30 à 60 cm lui donnent un air tropical. Les larges feuilles linéaires se déchirent dans les sites ventés ; les plantes protégées garderont un aspect plus net. Plantez en pots

Milium effusum 'Aureum'.

Miscanthus sinensis 'Morning Light'.

espacés de 1,20 à 2,10 m. Essayez-la avec des grandes plantes tropicales voyantes comme les canas et les philodendrons.

Miscanthus sinensis (herbe à éléphant) C B AP N

Une espèce très populaire de graminées à fleurs, avec trop de variétés disponibles pour pouvoir toutes les citer. Les très petites variétés sont utiles en isolé ou plantées en bancs pour former une toile de fond. Celles qui dépassent 1,50 m font de bonnes plantes pour arrière-plan. La plupart des petites formes sont des graminées de saison chaude et peuvent apporter de la couleur en automne au plan le plus bas de la prairie. Les formes à feuilles étroites ont tendance à mieux pousser dans le sud chaud et humide et les déserts de basse altitude, et dans les climats méditerranéens qui manquent de froid hivernal significatif. Toutes ont de superbes fleurs. Plantez en pots espacés de 90 cm à 1,50 m.

Miscanthus sinensis 'Adagio'. Une sélection de Kurt Bluemel avec des fleurs bien détachées du feuillage, de 1,20 à 1,50 m. C B N

Miscanthus sinensis 'Gold Bar'. Panachure horizontale (peut-être la meilleure des variétés à bandes jaunes), colonnaire. B N

Miscanthus sinensis 'Little Kitten'. Forme courte, de 1,20 m. C B N

Miscanthus sinensis 'Little Zebra'. Forme compacte de *M.s.* 'Zebrinus' avec des bandes jaunes horizontales. B N

Miscanthus sinensis 'Morning Light'. Variété très populaire d'une graminée très populaire, au feuillage de fine texture panaché de blanc, qui paraît argent dans la prairie. Pousse bien même dans les climats doux. Une des meilleures graminées pour la couleur en hiver dans un climat doux. Hauteur : 1,20 à 1,50 m. C AP N

Miscanthus sinensis 'Yaku Jima'. Feuillage vert à la fine texture, 1,20 à 1,50 m de haut. C AP N

Miscanthus sinensis 'Zebrinus'. Les feuilles apparaissent vertes, avec seulement quelques stries jaunes, mais au cours de la saison, les stries deviennent plus prononcées. En plein été, elles rendent la plante rayonnante lorsqu'elle est éclairée de dos. C B N

Miscanthus transmorrisonensis AP N

Cette graminée en touffes, pour arrière-plan, a un feuillage luisant, arqué, de 1,50 m de haut, surmonté de fleurs superbes, arquées elles aussi, qui le dépassent de 1,50 m en hauteur et sur les côtés. À maturité, une plante en fleurs peut se déployer

C Couvre-sol B Bouche-trou AP Arrière-plan

sur 1,50-1,80 m de haut et de large. Comme les fleurs sortent du feuillage, elles se balancent au gré de la brise la plus légère. Préfère le plein soleil et un arrosage régulier mais une fois installée peut supporter quelque sécheresse. Persistante sous les climats doux, elle supporte aussi des conditions côtières. Plantez en pots ou en mini-mottes espacés de 1,20 à 1,80 m. Étonnante en masses, fleurit toute l'année sous les climats doux. Non invasive.

Molinia caerulea (molinie bleue) B N

Originaire d'Eurasie. Plutôt petites, ces graminées à fleurs sont d'étonnantes notes fleuries dans les prairies. Peu de fleurs de graminées sont aussi magiques que celles-ci, transparentes et translucides, ce qui se reflète dans les noms des cultivars qui essaient de décrire leur fascinante beauté. Toutes ont une brillante couleur automnale, habituellement jaune orangé ; puis elles s'effondrent complètement, offrant le plus bref des spectacles de l'hiver. Tolérantes à une grande variété de sols, elles ont absolument besoin d'un froid rigoureux en hiver pour prospérer. Mieux en plein soleil ou dans une ombre légère, avec des arrosages réguliers. Plantez en groupes ou en bancs, ou éparpillez des spécimens individuels dans la prairie, en mini-mottes ou en pots espacés de 45 à 75 cm. Voici quelques-unes des meilleures variétés :

Molinia caerulea 'Dauerstrahl' (rayon éternel). 60 cm à 1,20 m érigée, arquée, vert grisé. B N

Molinia caerulea 'Hedebrant' (mariée à la bruyère). 60 cm à 1,20 m érigée, arquée, vert grisé. B N

Molinia caerulea 'Moorhexe' (sorcière de la lande). 60 cm à 1,20 m colonnaire, vert grisé. B N

Molinia caerulea 'Strahlenquelle' (source de rayons). 60 à 90 cm arquée, en motte. B N

Molinia caerulea 'Variegata'. D'un jaune brillant, strié de blanc crémeux, 60 à 90 cm. B N

Muhlenbergia (mulhenbergie)

Ce genre de graminées offre de belles notes fleuries pour les jardins de climat chaud ; les grandes espèces font de beaux arrière-plans et celles de taille moyenne de bons couvre-sols. La plupart sont persistantes sous les climats doux, tolérantes à la chaleur et à la sécheresse et faciles à cultiver, acceptant une grande variété de sols.

Miscanthus transmorrisonensis.

Muhlenbergia capillaris C B N

Les pépinières proposent deux formes distinctes de cette très belle graminée à fleurs, vérifiez quelle est celle que vous achetez. L'espèce botanique peut atteindre 1 m à 1,20 m de haut avec au sommet des fleurs rose pourpré. *Mulhenbergia capillaris* var. *filipes* ne dépasse jamais les 90 cm. Elle est aussi plus résistante au froid que la première forme. De nouvelles collectes de plantes sont en cours en Nouvelle-Angleterre et ailleurs, aussi guettez les génotypes locaux qui peuvent être mieux adaptés à votre climat particulier. Chez toutes les formes, le feuillage de belle texture, gris-vert est recouvert en septembre par des masses de fleurs pourpres qui deviennent dorées à maturité. Acceptent une grande variété de sols, sont tolérantes à la chaleur et à la sécheresse, prospèrent même dans les déserts de basse altitude. Éparpillez à travers la pelouse ou bien plantez en groupes ou en masses, en particulier là où elles pourront être éclairées de dos. Plantez en pots ou en mini-mottes espacés de 90 cm à 1,20 m. Les variétés ne se distinguent pas de l'espèce, avec cependant une exception notable.

Muhlenbergia capillaris 'White Cloud'. Un clone à fleurs blanches spectaculaires. C B N

Molinia caerulea.

Muhlenbergia dubia C B N

Originaire du Texas. Ce superbe couvre-sol pour grands espaces est aujourd'hui très prisé à cause de son feuillage gris-vert qui reste toujours beau. Net, ressemblant à un *Mulhenbergia rigens* compact, il pousse en touffes denses de 90 cm de haut. Les minces inflorescences gris argent sont magnifiques et restent soignées de l'été à l'automne, virant au brun clair en séchant. Il est tolérant à la sécheresse et pousse dans une grande variété de sols. Mieux en plein soleil sous les climats aux étés secs. Plantez en pots ou en mini-mottes espacés de 60 cm à 1,20 m.

Muhlenbergia dumosa C B N

Originaire de l'Arizona, du Texas et du Mexique. Cette graminée persistante, au feuillage penné (comme la fougère), naît sur des pentes rocheuses, où elle peut bénéficier des rares pluies sous ces climats chauds et secs. Bien cultivée, cette graminée ressemble à un bambou au feuillage aérien, vert vif qui pousse en touffes arquées, de 1,20 à 1,50 m de haut et de large. De petites inflorescences duveteuses couvrent la plante à la fin du printemps, comme une mousse brune de couleur bronze foncé. Supporte la chaleur et les conditions désertique de basse altitude si le sol est suffisamment humide. Tolérante à la sécheresse mais paraît dépenaillée dans des conditions trop sèches. Pousse dans la plupart des sols, mieux en plein soleil ou dans une ombre légère. Plantez en pots ou en mini-mottes espacés de 90 cm à 1,50 m. Elle est précipitée en dormance à - 4 °C.

Muhlenbergia emersleyi C B N

Le feuillage gris argenté, de 90 cm est surmonté de plumets rose argenté, qui font penser à des *Pennisetum*. Résistante comme la plupart des *Mulhenbergia*, c'est aussi un couvre-sol très solide. Plantez en pots espacés de 90 cm à 1,20 m.

Muhlenbergia x involuta C B N

Feuillage gris-vert et plumets soyeux d'un blanc argenté, de 90 à 120 cm. Très belles fleurs. Fait un magnifique couvre-sol. Plantez en pots espacés de 90 cm à 1,20 m.

Muhlenbergia lindheimeri C B AP N

Cette graminée à la fine texture fait un excellent arrière-plan persistant, de 1,20 à 1,50 m de haut, dans tous les climats excepté les plus froids. Pousse en touffes denses ; ses feuilles d'un bleu doux sont surmontées au début de l'automne de

C Couvre-sol B Bouche-trou AP Arrière-plan

fleurs argentées qui en séchant deviennent d'un beau brun clair ; le feuillage est en général de 90 cm à 1,20 m de haut avec des fleurs qui le dépassent de 45 à 60 cm. Tolère la chaleur désertique de basse altitude, la sécheresse et une grande variété de sols. Préfère le soleil ou l'ombre légère ; ne se plaît pas beaucoup dans des conditions très humides ou tropicales. Plantez en pots ou en mini-mottes espacés de 1,20 à 1,50 m. Sa couleur est très belle associée à d'autres graminées bleues et argent.

Muhlenbergia pubescens C B N

Originaire du Mexique. Le feuillage gris-vert est recouvert de poils blanc argenté, doux au toucher. Les fleurs pourpres virent au brun clair. Tolérante à la chaleur et à la sécheresse. A besoin d'un bon drainage. Plantez en pots ou en mini-mottes espacés de 60 à 90 cm.

Muhlenbergia rigens C B AP N

Originaire du sud-ouest de l'Amérique. Dans les dépressions humides ou sur les pentes rapidement drainées, *Muhlenbergia rigens* est une graminée incontournable pour les prairies, lorsque les étés sont chauds et secs. Les chevreuils adorent s'y coucher, d'où son nom anglais de deer grass (herbe à chevreuil). Le feuillage gris-vert forme de denses touffes de 90 cm à 1,20 m de haut, surmontées de minces épis floraux de 60 à 90 cm. Les fleurs magnifiques éclosent à la fin du printemps et restent attrayantes pendant presque toute la saison. Extrêmement tolérante à la sécheresse, mais considérablement plus petite dans les endroits secs. Supporte les côtes très exposées et presque tout sol, dont le sable des dunes. Plantez en pots ou en mini-mottes espacés de 90 cm à 1,50 m. Cette graminée résistante est étonnante éclairée de dos, que ce soit en spécimen isolé ou en grandes masses.

Nassella

Ces graminées aux fleurs étonnantes ont des barbes soyeuses fines comme des aiguilles. Pour qu'elles prospèrent, il faut les laisser se dessécher en été (le brun aussi est une couleur !), déconseillée dans les prairies sujettes au feu. Leur feuillage dormant est fragile, facilement aplati par le passage des gens et des animaux. Pourtant, bien situées et cultivées, elles apportent de très belles notes fleuries. Tolèrent la chaleur, la sécheresse, et une grande quantité de sols. Il vaut mieux les semer.

Muhlenbergia dubia.

Muhlenbergia lindheimeri.

Muhlenbergia rigens.

Nassella cernua C B N

Originaire de Californie. Hauteur : 60 à 90 cm. Capsules de graines dodelinantes. *Nassella lepida*, de 90 cm est similaire.

Nassella pulchra Originaire de Californie. C B N

Hauteur : 90 cm à 1,20 m. Longues barbes, pourpres à l'éclosion puis dorées.

Nassella tenuissima C B N

Les fleurs de cette graminée, résistante, sont comme des fils d'or, scintillant et se balançant comme aucune autre. Le feuillage brillant, de fine texture, d'un vert irisé est complètement recouvert au milieu de l'été par les barbes dorées des têtes fleuries. À la fin de l'été (selon la quantité de pluie tombée), il faut « peigner » les touffes pour retirer les capsules de graines, car les plantes semblent alors avoir les cheveux en bataille. Elles acceptent une grande variété de sols. Lorsque les étés sont humides, elles ont besoin d'un excellent drainage pour prospérer. Préfèrent le plein soleil ou l'ombre légère. Se naturalisent abondamment ; évitez de les planter là où elles risquent de se propager dans des écosystèmes naturels. Plantez en pots espacés de 45 à 60 cm.

***Panicum* (panic)**

Les panics sont des plantes de prairies fantastiques ; les espèces de haute taille servent en arrière-plan ; les espèces moyennes et les variétés sont de très belles notes fleuries dans la prairie. Toutes sont des graminées de saison chaude et la plupart apportent de la couleur en automne et en hiver. La plupart préfèrent le plein soleil (elles risquent de s'affaler lorsqu'elles sont trop à l'ombre). Plus courtes sous les climats secs, elles ont besoin de beaucoup d'eau pour prospérer. Elles supportent une grande variété de sols, y compris les conditions côtières.

Panicum amarum C B AP N

Originaire du littoral des États-Unis, du Connecticut au Mexique, avec sans doute de nombreux génotypes et clones. Feuillage coloré de façon variable, du gris-vert au bleu, de 90 cm à 1,50 m de haut et de large. Au milieu de l'été, les fleurs sont comme des fontaines, évoquant l'eau. La plupart ont une couleur automnale jaune d'or. Pousse habituellement dans le sable des dunes mais peut accepter une terre lourde argileuse. Plantez en mini-mottes ou en pots espacés de 90 cm à 1,20 m. Souvent

C Couvre-sol B Bouche-trou AP Arrière-plan

envisagée uniquement pour stabiliser les dunes, elle mérite aussi d'avoir sa place dans les jardins prairies.

Panicum amarum 'Dewey Blue'. Belle forme bleue. C B AP N

Panicum bulbosum C B N

Le plus petit est le plus spectaculaire des panics avec un feuillage gris-vert et des fleurs vaporeuses, qui dépassent de 45 à 60 cm au-dessus du feuillage, culminant à une hauteur de 90 cm. Brillante couleur automnale, jaune. Tolère la chaleur, la sécheresse et une grande variété de sols. Se ressème mais ce caractère peut être favorable dans des situations un peu rudes, où ses fleurs basses et lumineuses sont bienvenues. Plantez en pots espacés de 60 à 90 cm.

Panicum clandestinum (millet d'amérique) C B AP N

Graminée américaine de saison chaude, au feuillage comme celui du bambou, poussant en touffes tentaculaire de 90 cm à 1,20 m de haut. Des petites fleurs émergent à travers les feuilles vert pâle, qui virent au jaune en automne. Pousse au soleil ou à l'ombre. Se porte mieux avec un arrosage régulier. Plantez en pots espacés de 60 à 90 cm. Une composante de prairie ombragée sous-utilisée ; parfaite dans les prairies de sous-bois et les lieux naturalistes, c'est aussi un bon bouche-trou.

Panicum virgatum (panic érigé) C B AP N

Une espèce dont les formes varient grandement en couleur et en feuillage, port et hauteur. À utiliser parsemées à travers la prairie ou en bancs et regroupées ; parfaites au bord de l'eau. Elles se ressèment peu ou modérément ; lorsqu'on les sème, les variétés nommées ne sont pas fidèles. Vous pouvez avoir besoin d'éliminer les plantules pour que les plantations restent comme elles étaient au départ. Et pourtant, placée de manière à être éclairée de dos par la lumière du petit matin ou du soir *Panicum virgatum* est un vrai bonheur à observer. La plupart fleurissent au milieu de l'été et beaucoup ont une belle couleur automnale. Plantez en mini-mottes ou en pots espacés de 90 cm à 1,20 m.

Panicum virgatum 'Amber Wave'. Feuillage gris-bleu, devenant pourpre en automne, jusqu'à 1,20 m. C B AP N

Panicum virgatum 'Hänse Herms'. Feuillage vert, rougeâtre en automne, jusqu'à 1,20 m. C B AP

Panicum virgatum 'Heavy Metal'.

Paspalum quadrifarium.

Pennisetum advena 'Rubrum'.

Panicum virgatum 'Heavy Metal'. Belle forme érigée. Feuillage bleu métallique, jaune pâle en automne. Une sélection Kurt Bluemel. Hauteur : 1,20 à 1,50 m. C B AP N

Panicum virgatum 'Northwind'. Bonne variété bleue, jaunâtre en automne, résistante à la rouille sous les climats humides. Hauteur : 1,20 à 1,80 m. C B AP N

Panicum virgatum 'Prairie Sky'. Peut-être le plus bleu des panics érigés. Le feuillage s'affale en périodes de pluies si le sol est trop riche. Jaune en automne. Hauteur : 1,20 à 1,50 m. C B AP N

Panicum virgatum 'Rehbraun' et *P. v.* 'Rostralbüsch'. Deux clones pratiquement impossibles à distinguer, avec un feuillage vert virant au rouge en automne. Les deux poussent jusqu'à 1,20 m. C B AP N

Panicum virgatum 'Shenandoah'. Feuillage devenant d'un beau rouge en automne – le meilleur des panics érigés communs, jusqu'à 1,20 m. C B AP N

Paspalum quadrifarium C B AP N

Originaire du Paraguay et de l'Uruguay. Cette graminée en touffes persistante, d'un bleu d'eau, intéressante en arrière-plan, atteint 90 cm à 1,20 m de haut et de large. Tolère l'argile, le sable et les conditions côtières. Préfère le plein soleil mais supporte une ombre moyenne. Se conduit bien dans les climats chauds et humides. Les inflorescences remarquables sont élancées et noires lorsqu'elles éclosent ; elles deviennent d'un beau brun clair en séchant mais il vaut mieux les supprimer pour éviter qu'elles se ressement. Plantez en mini-mottes ou en pots espacés de 90 cm à 1,50 m. Dans certains lieux, les semis spontanés peuvent poser un problème.

Pennisetum (herbe aux écouvillons)

Originaire d'Afrique et d'Asie. Certaines des graminées à inflorescences les plus spectaculaires appartiennent à ce genre extrêmement différencié. Certaines sont de petites miniatures ; d'autres comptent parmi les plus grandes graminées ornementales. Certaines espèces peuvent se conduire en mauvaises herbes agressives et d'autres être de bonne compagnie. Il est préférable de demander aux producteurs quelles sont celles qui risquent de poser un problème sous votre climat. La nomenclature est confuse, aussi assurez-vous de la provenance de vos plantes et sachez que les plantes anciennes ont de nombreux synonymes. Certaines *Pennisetum* tolèrent la chaleur et la sécheresse. La plupart se plaisent en plein soleil (elles poussent

C Couvre-sol B Bouche-trou AP Arrière-plan

et fleurissent médiocrement dans trop d'ombre) et tolèrent tous les sols, tant qu'elles ont assez d'humidité, et même les conditions côtières.

Pennisetum advena 'Rubrum' C B AP N

La plus populaire des *Pennisetum* au feuillage pourpre, de 1,20 à 1,50 m de haut et de large. Ses graines sont stériles. Fleurs spectaculaires. Les plantes meurent à – 2 °C. Plantez en pots espacés de 90 cm à 1,20 m.

Pennisetum advena 'Eaton Canyon'. Belle forme compacte pourpre, de 90 cm. Le feuillage est légèrement moins pourpre et plus sensible au gel. Les plantes sont persistantes dans les climats doux. Plantez en pots espacés de 60 à 90 cm. Graines stériles. C B N

Pennisetum advena 'Green Form'. Une mutation de la forme pourpre commune, verte avec des touches de bronze sur le feuillage et les fleurs. Plantez en pots espacés de 90 cm à 1,20 m. Graines stériles. C B N

Pennisetum advena 'Little Pinkie'. Une mutation verte d'une *Pennisetum* pourpre naine, au feuillage bronze, de 90 cm. Plantez en pots espacés de 60 à 90 cm. Graines stériles. C B N

Pennisetum alopecuroides C B N

Originaire de l'Asie du Sud-Est. Cette graminée de saison chaude et ses cultivars ont besoin d'un froid hivernal important pour prospérer. Médiocres dans la chaleur et l'humidité et sous les climats secs méditerranéens ou désertiques. De nombreuses formes se naturalisent mais en général ne posent pas de problème. Quelques-unes, rares, peuvent se comporter comme des mauvaises herbes. L'espèce botanique a des fleurs crème ou brun clair et un beau feuillage vert, de 90 cm à 1,20 m de haut et de large. Plantez en mini-mottes ou en pots espacés de 90 cm à 1,20 m.

Pennisetum alopecuroides 'Hameln'. Compact, de 60 à 90 cm au feuillage vert foncé et d'une belle couleur jaune orangé en automne. Plantez en pots espacés de 60 à 90 cm. C B N

Pennisetum alopecuroides 'Little Bunny'. Forme miniature de 45 cm de haut, aux fleurs brun clair et au feuillage vert. B N

Pennisetum alopecuroides 'Moudry' et *P. a.* 'National Arboretum'. Formes presque identiques et par conséquent souvent confondues par les pépiniéristes – sont pour l'essentiel la même

Pennisetum alopecuroides 'Moudry'.

Pennisetum alopecuroides.

Pennisetum massaicum 'Red Bunny Tails'.

plante : une *Pennisetum* aux fleurs noires. Les deux ont un beau feuillage lustré, de 60 cm de haut sur 90 de large, surmonté de fleurs noires qui les dépassent de 45 à 60 cm. Les fleurs éclosent noir pourpré et sont étonnantes éclairées de dos ; la couleur automnale est un brun orangé, et les fleurs restent belles, même lorsque le feuillage est dormant. Elles comptent parmi les rares variétés de *Pennisetum alopecuroides* qui prospèrent avec peu de froid en hiver. Elles tolèrent une grande variété de sols et se ressement terriblement, envahissant avec bonheur les pelouses avoisinantes. Bien placées elles sont spectaculaires. C B N

Pennisetum glaucum 'Purple Majesty' (millet perle pourpre) AP N

Une annuelle saisissante pour créer des effets intenses et tropicaux. Plante colonnaire qui atteint rapidement 1,20 à 1,50 m, au feuillage rubané noir pourpré, surmonté d'épaisses capsules de graines pourpres. De très belles fleurs émergent couvertes d'étamines jaunes. Pousse dans tous les sols. Se plaît en plein soleil avec des arrosages réguliers. Plantez en pots espacés de 90 cm à 1,20 m. Les oiseaux en aiment les graines.

Pennisetum incomptum C B N

Originaire de Chine. Se propageant de façon agressive par rhizomes, cette graminée de saison chaude a un feuillage bleu-vert et des tiges florales verticales avec de magnifiques fleurs, de 1,20 m de haut. Potentiellement invasive, mais cette caractéristique est parfois souhaitable chez une graminée. N'est pas faite pour les petits jardins mais utile dans des sites bien contrôlés ou à problème. Plantez en pots espacés de 60 à 90 cm.

Pennisetum massaicum 'Red Bunny Tails' C B N

Une bonne graminée à fleurs. Cette graminée en touffes a un feuillage luisant d'un vert moyen qui devient rouge en automne. Persistante dans les climats doux, elle atteint 45 à 60 cm de haut, avec des fleurs qui le dépassent de 30 à 45 cm. Les belles capsules de graines, qui ressemblent à des queues de lapin, sont d'un noir rougeâtre lorsqu'elles apparaissent ; elles attirent la caresse et sont adorées des enfants. Se plaît en plein soleil ou dans une ombre légère. Pas exigeante en ce qui concerne les sols, elle tolère les conditions côtières. Plantez en mini-mottes espacées de 45 à 60 cm.

C Couvre-sol B Bouche-trou AP Arrière-plan

Pennisetum orientale B N

Originaire de l'Inde et du Pakistan. Cette graminée de saison chaude a des fleurs spectaculaires rose pâle qui durent longtemps et, adultes, deviennent crème ; elles restent attrayantes sur la plante pendant l'automne. Le feuillage, de fine texture, gris-vert atteint 90 cm de haut et de large. En automne, la couleur devient brièvement jaunâtre ; la silhouette hivernale n'est pas aussi intéressante que celle d'autres *Pennisetum* de saison chaude. Malgré tout, c'est une belle note fleurie dans une prairie. Se plaît en plein soleil ou dans une ombre légère. Tolère une grande variété de sols et se plaît bien dans les prairies au climat doux. Plantez en pots espacés de 60 à 90 cm. Ne se ressème pas.

Pennisetum orientale 'Karley Rose'. Plus grande que le type, jusqu'à 1,20 m de haut, avec des fleurs pointues, plus roses. B N

Pennisetum orientale 'Tall Tails'. Introduite par la pépinière Greenlee, cette *Pennisetum* tentaculaire a des inflorescences vaporeuses et pendantes de 20 cm de long, sur de hautes tiges souples qui peuvent atteindre 1,80 m. Le feuillage, de saison chaude, vert vif, forme un gros coussin de feuilles luisantes qui deviennent jaune orangé en automne. Les fleurs sont magnifiques sur la plante depuis le début de l'été jusqu'en automne. Tolère tout sol avec assez d'humidité et supporte la chaleur désertique. Bien aussi près des côtes. Plantez en pots espacés de 1,20 à 1,50 m. Extrêmement florifère. Ne se ressème que très peu. B AP N

Pennisetum purpureum (herbe aux éléphants) B AP N

Cette grande graminée persistante pour arrière-plan – indispensable pour créer des effets tropicaux intenses – pousse en touffes denses, de 1,50 à 1,80 m de haut et de large, avec des feuilles vert vif de 5 à 8 cm de large. Tolère une grande variété de sols et préfère le plein soleil ou l'ombre légère. Tolérante à la sécheresse une fois établie, elle a besoin d'humidité pour garder un beau feuillage. Plantez en pots ou en divisions espacés de 1,20 à 1,80 m. Donnez-lui de l'espace !

Pennisetum purpureum 'Prince' et P. p. 'Princess'. Ces variétés au feuillage pourpre forment des colonnes d'un beau pourpre de 1,50 à 2,40 m, dont des fleurs de 60 à 90 cm de haut. Elles sont surtout utilisées comme des annuelles sous les climats froids où elles meurent dès les premiers gels rigoureux. Le feuillage d'abord

Pennisetum orientale 'Karley Rose'.

Pennisetum orientale 'Tall Tails'.

vert devient progressivement pourpre. Mieux en plein soleil. Supportent une grande variété de sols tant qu'elles ont ce qu'il leur faut comme humidité. Éviter de les planter dans les régions à vents secs et chauds. Bien près du littoral. Préfèrent les climats humides ; ne fleurissent pas sous les climats froids. Plantez en pots espacés de 90 cm à 1,20 m. AP N

Pennisetum spathiolatum.

Pennisetum setaceum C B N

Originaire de l'Afrique tropicale et du Sud-Ouest asiatique. Cette graminée populaire de saison chaude est parfaite pour produire des effets tropicaux sous les climats froids, où elle se comporte en annuelle ; mais est vivace sous les climats doux et de désert au-dessus de – 2 °C. Le feuillage vert vif, de fine texture, pousse en coussins compacts de 90 cm à 1,20 m de haut et de large. Sous les climats humides, elle peut atteindre 1,50 m si elle est bien cultivée. Les fleurs, qui peuvent avoir 40 cm de long, sont pourpre rosé, brun clair à maturité. Persistante et constamment en fleurs si elle est bien arrosée, dans les jardins du sud de la Californie, où elle se resseme facilement. Rarement une menace pour les écosystèmes premiers, elle prospère sur les pentes du littoral perturbées et le long des routes. Convenablement placée, c'est un bon composant pour les prairies sèches. Accepte tous les sols et préfère le plein soleil ou l'ombre légère. Plantez en pots ou en mini-mottes espacés de 90 cm à 1,20 m.

Pennisetum spathiolatum C B N

Cette graminée de base, en touffes, persistante, a un feuillage en coussins bas de 45 cm et de minces inflorescences dorées, dressées sur des tiges fines comme des fils de 60 à 90 cm au-dessus du feuillage. Superbe graminée de prairie, polyvalente, elle donne le meilleur d'elle-même dans les prairies du littoral. Les minces inflorescences sont translucides et leur verticalité est parfaite pour créer des « coups de pinceau » dans la prairie. Mieux en plein soleil ou à l'ombre légère, tolérante à la sécheresse et non exigeante sur les sols. Plantez en mini-mottes ou en pots espacés de 90 cm à 1,20 m. Cette espèce est magnifique associée à *Festuca mairei*, leurs textures et leurs couleurs sont similaires et leurs fleurs vont bien ensemble.

Pennisetum villosum C B N

Originaire d'Afrique tropicale. Cette graminée de saison chaude aux fleurs superbes, qui se propage lentement, est

C Couvre-sol B Bouche-trou AP Arrière-plan

plantée comme graminée ornementale depuis le début du 20e siècle. Le feuillage rampant gris-vert et luisant est recouvert de fleurs vaporeuses qui éclosent vert crémeux et virent au blanc pur à maturité. Tolère tous les sols et préfère le plein soleil. Tolérante à la sécheresse et à la chaleur. Facile à semer et se resseme généreusement. Plantez en pots espacés de 60 à 90 cm. Saisissante lorsqu'elle est éclairée de dos, sa forte végétation est précieuse dans des espaces urbains où les semis spontanés ne posent pas de problème. Elle est sensible au gel.

Phalaris arundinacea **(baldingère faux-roseau)** C B N

Europe et Amérique du Nord. Cette graminée pousse à travers l'hémisphère Nord, dans le monde entier. Les génotypes européens et nord-américains sont quasiment indiscernables et se sont vraisemblablement croisés et ont échangé leur matériel génétique. Elle s'impose dans de nombreux jardins : les jardiniers doivent décider s'ils l'éradiquent ou s'ils la laissent. Avec les graminées aux rhizomes agressifs, il faut faire un choix : si vous ne pouvez pas les éradiquer, coupez-les à la mi-saison, elle sera rajeunie et plus belle en hiver.

Elle atteint 1,20 à 1,50 m de haut avec de belles fleurs en été. Le feuillage vert moyen disparaît dans les climats aux étés chauds. Elle accepte une grande variété de sols et préfère le plein soleil et un sol humide. Les pépinières vendent rarement des plants de l'espèce botanique ; seules les graines sont disponibles. Les variétés aux feuilles colorées sont belles en masses et en bancs, particulièrement au bord de l'eau ; ce sont de superbes notes fleuries et bien que toujours agressives, elles sont beaucoup plus petites que l'espèce. La plupart des formes colorées ont au printemps une nouvelle végétation rose. Semez ou plantez en mini-mottes espacées de 60 à 90 cm.

Phalaris arundinacea 'Feesey'. La plupart du temps d'un blanc pur strié de vert, vigoureuse nouvelle végétation rose, 60 à 90 cm. C B N

Phalaris arundinacea 'Luteopicta'. Jaune pâle strié de blanc, 60 à 90 cm. C B N

Phalaris arundinacea 'Picta'. Ancienne favorite, panachée de blanc, 60 à 90 cm. Peut être invasive. C B N

Phalaris arundinacea 'Woods Dwarf'. Variété de belle texture, panachée de blanc, semblable à 'Picta' mais plus petite, jusqu'à 45 cm. C B N

Phleum pratense **(fléole des prés)** C B N

Originaire du sud de l'Europe. Première fléole ornementale proposée aux jardiniers. C'est une des plus belles petites graminées à fleurs. Le feuillage attrayant en touffes gris-vert, atteint 15 à 20 cm de haut et est surmonté des classiques fleurs des fléoles, en épis verticaux de 20 à 30 cm de haut, qui émergent à la fin du printemps. Les fleurs restent belles sur la plante en automne, devenues brun clair doré en séchant. Persistante dans les climats doux. Mieux en plein soleil et à l'ombre légère. Tolère une grande variété de sols. Plantez en pots espacés de 30 à 45 cm. Superbe dans les prairies courtes et le long des sentiers.

Phragmites australis **(roseau commun)** AP N

Cosmopolite. Sans aucun doute une des graminées les plus répandues sur la planète : si vous avez des *Phragmites* sur votre site, il y a des chances pour que vous en ayez toujours. Haute graminée de terrain humide, colonisatrice agressive, on la trouve dans les eaux fraîches ou saumâtres du monde entier. La plupart des jardiniers ne le plantent pas, ils se contentent d'en hériter, et dans bien des cas les stratégies d'éradication se révèlent vaines. En dépit de son effroyable réputation, le roseau commun peut être intéressant à la lisière des prairies.

Le feuillage gris-vert, de saison chaude, est porté par d'épaisses cannes érigées de 2,40 à 5,40 m de haut. En été les fleurs sont or, avant de devenir argent ; elles sont très belles et persistent sur la plante. La silhouette de la plante en dormance est spectaculaire dans la lumière hivernale. L'espèce typique est rarement cultivée en pépinière ; le plus souvent elle vient avec votre site. La lutte n'est pas souvent une bonne option, il est plus sage de l'accepter. Deux formes panachées sont disponibles et, bien situées, peuvent être d'utiles sujets d'arrière-plan ou de belles notes fleuries. Elles sont bien comme spécimens en pots, immergés dans l'eau ou sur le bord de l'eau. Les deux sont plus petites que l'espèce. Plantez en pots espacés de 90 cm à 1,50 m. Toutes se plaisent en plein soleil ou à l'ombre légère, supportant à la fois les conditions côtières et les climats chauds de l'intérieur, et se propagent de manière agressive dans les sols humides, aussi maniez-les avec précaution. Des barrières anti-racines ou des pots sans trous de drainage peuvent être nécessaires pour contenir les plantes (Voir « Les redoutables » dans le chapitre 7 page 233 pour plus de détails sur les graminées invasives). Finalement, ces graminées souvent diabolisées, peuvent servir dans les biofiltres et permettent de nettoyer l'eau polluée.

Phragmites australis 'Candy Stripe'. Panachure blanche AP N
Phragmites australis 'Variegatus'. Panachure jaune dorée. AP N

Poa arachnifera C B AP PN

Une espèce menacée dans la plus grande partie de son aire de répartition. Cette graminée de base rampante, au port tapissant, de saison chaude, est une des graminées vert foncé les plus tolérantes à la sécheresse qui soit. Ses inflorescences superbes sont soyeuses comme des toiles d'araignée lorsqu'elles éclosent mais deviennent moins attrayantes en séchant que la plupart des autres graminées. Nombreux sont les jardiniers qui nettoient leurs plantations en supprimant leurs capsules de graines. Pousse à 30-45 cm ; en la coupant de temps en temps et en la gardant au sec, on peut la maintenir courte. Elle pousse mieux en plein soleil mais supporte une ombre étonnamment épaisse. Peut-être trop agressive pour les petites prairies, elle se comporte mieux dans les lieux très ombragés. Tolère une grande quantité de sols. Plantez en mini-mottes ou en pots espacés de 30 à 45 cm.

***Poa compressa* (paturin comprimé)** C B PN

Originaire d'Europe. Cette graminée de saison fraîche se développe à partir de tiges souterraines. Elle a un doux feuillage vert bleuté et de superbes inflorescences argentées. Non expérimentée et non utilisée par la plupart des jardiniers de prairie, cette graminée robuste mérite de l'être. Elle tolère une grande gamme de sols et de conditions, est étonnamment tolérante à la sécheresse et basse par nature. Plantez en mini-mottes ou en pots espacés de 30 à 45 cm.

***Pogonatherum paniceum* (pogonathère faux-panicum)** B N

Asie du Sud-Est. Cette graminée en touffes compacte a un feuillage qui ressemble à celui du bambou et pousse en nets monticules de 30 cm de haut et de large. Accepte une grande variété de sols. Préfère le plein soleil et l'ombre légère et apprécie un arrosage régulier. Des fleurs discrètes couvrent la plante d'une brume vaporeuse et les températures fraîches teintent les feuilles de rouge (les plantes meurent au-dessous de – 2 °C). Forme de belles scènes, comme les petits bambous, qu'elle peut remplacer là où ceux-ci risquent de poser des problèmes. Plantez en mini-mottes ou en pots espacés de 90 cm à 1,20 m.

Pogonatherum paniceum 'Variegatum'. Légère panachure dorée. B N

Reineckia carnea C B

Chine. Ce membre de la famille des lys, qui ressemble à une graminée, est un excellent couvre-sol pour les prairies ombragées des climats doux. Le feuillage luisant, vert vif, de 30 à 60 cm de haut, se propage lentement pour former une colonie. De belles fleurs roses, légèrement parfumées, sont presque cachées sous le feuillage ; les superbes baies orange sont plus visibles. Tolère une grande variété de sols et même la compétition avec les racines des arbres. Bien avec les fougères et les laîches. Mieux à l'ombre avec des arrosages réguliers. Plantez en mini-mottes ou en pots espacés de 15 à 30 cm.

Rhynchospora latifolia B N

Originaire du Sud des États-Unis. Le feuillage vert vif de cette laîche persistante qui se propage lentement atteint 45 à 60 cm de haut et ses superbes bractées ressemblent à des étoiles blanches. Présente dans la plupart des dépressions sableuses, dans les sols acides, cette laîche pousse dans une eau peu profonde et fait merveille dans les prairies humides, en plein soleil ou dans une ombre légère. Plantez en pots espacés de 30 à 45 cm.

***Saccharum officinarum* (canne à sucre)** AP N

Principale source du sucre, cette haute graminée persistante, en touffes, fait un superbe arrière-plan tropical. Poussant habituellement jusqu'à 1,80 à 2,40 m de haut et de large, les plantes ont des feuilles vert vif de 5 à 8 cm de large et de 60 à 90 cm de long sur des cannes arquées et ligneuses. Pousse dans le sable ou l'argile ; mais a besoin d'être arrosée régulièrement pour donner le meilleur d'elle-même. Se plaît en plein soleil, s'affale dans trop d'ombre. Les températures au-dessous de – 2 °C peuvent tuer les plantes. Plantez en pots espacés de 90 cm à 1,80 m.

Saccharum officinarum 'Pele's Smoke'. Feuilles et tiges pourpre – un beau cultivar. AP N

Schizachyrium scoparium C B N

Présente dans presque tous les États-Unis continentaux. Sa facilité de culture absolue et sa polyvalence font de cette graminée de saison chaude un élément magnifique des jardins prairies grands et petits, comme couvre-sol, comme note fleurie et foliaire en automne et en hiver. Les touffes denses de feuillage vert, gris-bleu ou bleu, atteignent 15 à 30 cm de haut et de large. Verticaux, les minces épis fleuris, 45 à 60 cm au-dessus du feuillage, éclosent

Rhynchospora latifolia.

Saccharum officinarum 'Pele's Smoke'.

Sesleria autumnalis.

en été, captent bien la lumière et sont beaux jusqu'en automne. Les couleurs automnales sont intenses, de l'orange et du cuivre jusqu'au rouge et même au pourpre. Les silhouettes hivernales sont robustes et intéressantes dans le jardin au cœur de l'hiver. Elle tolère une grande variété de climats et de sols. En fait, elle prospère dans des sols pauvres et ne se plaît pas dans des sols trop riches et fertiles. Se porte mieux en plein soleil, s'effondre dans trop d'ombre. Semez ou plantez en pots.

Schizachyrium scoparium 'Blaze'. Une lignée de graines remarquable pour sa couleur automnale et hivernale rouge pâle. C B N

Schizachyrium scoparium 'The Blues'. Forme compacte érigée, au feuillage bleu métallique. C B N

Schoenoplectus tabernaemontani (jonc des chaisiers glauque) B N

Hauteur : 1,20 à 2,10 m. La plupart préfèrent un peu de froid en hiver pour prospérer. Plantez en mini-mottes ou en pots espacés de 30 à 45 cm.

Schoenoplectus tabernaemontani 'Albescens'. Étonnante panachure linéaire blanche qui fait de la plante toute entière un fantôme blanc. Pousse jusqu'à 1,50 m. Plantez en mini-mottes ou en pots espacés de 30 à 45 cm. B N

Schoenoplectus tabernaemontani 'Zebrinus'. Bandes jaune doré vif sur des tiges vert sombre. En général moins vigoureuse que les autres formes. Pousse jusqu'à 1,20 m. Plantez en pots espacés de 90 cm à 1,50 m. B N

C Couvre-sol B Bouche-trou AP Arrière-plan

Sesleria

Sans doute le genre de vraies graminées qui offre le plus de beaux choix pour les plantations de prairie. Ma favorite est *Sesleria autumnalis*. Incroyablement adaptable, cette graminée pousse bien partout, sauf sous les climats chauds disertiques. Leur gamme de couleurs va du bleu-vert au vert-jaune ; elles sont parfaites pour de petites prairies, car toutes sont soignées et de bonne compagnie.

Sesleria autumnalis C B

Originaire du sud de l'Europe. Cette graminée en touffes, d'un doux vert-jaune, compte parmi les plus jolies graminées de base. Son feuillage vert chartreuse, persistant, forme des touffes nettes de 30 à 45 cm de haut. Les minces fleurs toutes simples éclosent blanc argenté et en séchant virent à un beau brun clair. Jamais en désordre, toujours attrayante, elle est belle tout au long de l'année. Se plaît au soleil ou à l'ombre légère. Préfère un arrosage régulier dans les climats secs. Plantez en mini-mottes espacées de 20 à 30 cm. Plantée en masse, elle est étonnante éclairée de dos.

Sesleria caerulea C B

Semblable à *Sesleria autumnalis*, mais pas aussi tolérante à la sécheresse, avec un feuillage plus court, bleu-vert, qui atteint 15 à 20 cm de haut et de large. Avec ses feuilles aux revers blanc crayeux, elle semble bicolore. De jolies petites fleurs printanières se fanent rapidement et disparaissent dans le feuillage. Plantez en mini-mottes ou en pots espacés de 15 à 20 cm. Fait un très beau couvre-sol bleu-vert qui se marie bien avec un feuillage argent.

Sesleria heufleriana C B

Semblable à *Sesleria caerula,* mais plus haute et plus large, jusqu'à 30 à 40 cm, avec une couleur fraîche, un bleu-vert légèrement moins bleu. Plantez en mini-mottes ou en pots espacés de 30 à 45 cm. Remarquable graminée de base tout au long de l'année.

Sesleria nitida C B N

Originaire d'Italie. Alors que la plupart des *Sesleria* ont des fleurs discrètes, celles de *S. nitida*, qui éclosent au début du printemps, sont noires et spectaculaires. Ses feuilles d'un beau gris, coupantes et piquantes, ont 30 à 45 cm de long. Préfère le plein soleil, tolère la sécheresse et une grande variété de sols. Plantez en mini-mottes ou en pots espacés de 30 à 45 cm. Fait un beau couvre-sol gris argenté aussi bien qu'une belle note fleurie. Mais n'oubliez pas, le feuillage est très pointu.

Sesleria heufleriana.

Setaria palmifolia.

Setaria palmifolia AP N

Cette graminée en touffes, pour arrière-plan tropical, a des feuilles plissées vert vif qui ressemblent aux frondes des palmiers. Les touffes denses peuvent facilement atteindre 1,50 m de haut et 1,80 m de large dans les sols humides. Bien qu'elle préfère des arrosages réguliers, elle est bien tolérante à la sécheresse une fois établie. Se resseme facilement mais les plantules sont faciles à supprimer. Pousse au soleil ou dans une ombre profonde. Tolère une grande variété de sols. Le feuillage est endommagé à 0 °C, il faut donc protéger les touffes dans les régions très froides. Plantez en mini-mottes ou en pots espacés de 1,20 à 1,50 m. Très belle au bord de l'eau.

Setaria palmifolia 'Dwarf'. Plante compacte, de 90 cm à 1,20 m de haut. N

Sorghastrum nutans (herbe des Indiens) C AP N

Amérique du Nord. Cette espèce très répandue, une des plus importantes composantes des hautes grandes prairies qui jadis couvraient une grande partie de l'Amérique du Nord, est une graminée en touffes, de saison chaude, de 1,50 à 2,40 m de haut. Son feuillage d'un beau vert à un bleu vert, est surmonté de magnifiques fleurs dorées. De nombreuses formes d'un bleu métallique ont été récemment mises sur le marché, mais les formes vertes sont tout aussi belles. Tolère une grande variété de sols. Préfère le plein soleil avec une humidité suffisante. Étant donné l'immense gamme d'herbe des Indiens, il est judicieux de rechercher les clones locaux chaque fois qu'on le peut. Les plantes préfèrent le plein soleil et s'effondrent lorsqu'il y a trop d'ombre. Elles peuvent être plus courtes sous les climats très chauds et très secs. Plantez en pots espacés de 90 cm à 1,20 m. Superbe en bancs et en masses.

Sorghastrum nutans 'Indian Steel'. Une bonne variété bleue. C AP N

Sorghastrum nutans 'Sioux Blue'. Une bonne variété érigée, d'un bleu glauque. C AP N

Spartina bakeri (spartine à feuilles alternes) C AP N

Cette graminée en touffes, persistante et de bonne compagnie est une des meilleures pour un haut arrière-plan sous les climats doux. Son feuillage vert moyen, de belle texture, pousse en coussins compacts, de 1,20 à 1,80 m de haut et de large. D'abord en colonne, elle s'étale avec l'âge. Mieux en

C Couvre-sol B Bouche-trou AP Arrière-plan

plein soleil ou à l'ombre légère. Les fleurs sont appréciables mais pas spectaculaires et restent soignées sur la plante. Pousse dans le sable et l'argile et s'adapte aussi aux conditions côtières. Supporte les sites ventés et la sécheresse, une fois installée. Plantez en mini-mottes ou en pots espacés de 90 cm à 1,80 m. Se plaît au bord de l'eau. Non invasive.

Spartina pectinata C AP

Originaire des marais d'eau douce et des prairies humides. Une des graminées les plus intéressantes en hiver, cette espèce peut donner du fil à retordre aux massettes avec lesquelles elle peut en général rivaliser, apportant de la diversité à des plantations d'une seule espèce. Se propageant de façon agressive par rhizomes, cette haute graminée de saison chaude peut prédominer dans les terrains humides et couvrir de grands espaces facilement. Ne convient pas dans les petits jardins. Le feuillage arqué, aux bords coupants, est d'un beau vert virant au jaune orange en automne. Sa forme gracieuse évoque le mouvement, même au repos. Sa belle silhouette perdure en hiver, même lorsqu'il neige. Pousse dans la plupart des sols ; se plaît en plein soleil ou à l'ombre légère. Plantez en mini-mottes ou en pots espacés de 90 cm à 1,80 m.

Spartina pectinata 'Aureomarginata'. Belles bordures de feuilles jaune d'or qui accrochent bien la lumière. Les plantes sont plus courtes et plus faciles à maîtriser et peuvent aussi pousser dans un sol moyennement humide. C AP N

Sporobolus airoides C N

Ouest des États-Unis. Présente dans les zones à humidité saisonnière, asséchées lors des étés brûlants, avec peu ou pas de pluie en été. Une graminée robuste et une jolie note fleurie pour les sites difficiles. Tolérant l'extrême chaleur, la sécheresse, la salinité et l'alcalinité. La beauté de cette graminée de saison chaude tient à sa variabilité. Le feuillage gris-vert pousse en touffes denses de 30 à 60 cm de haut et de large. Les fleurs, qui éclosent rose teinté de vert et deviennent en séchant d'un beau brun doré, dépassent le feuillage de 30 à 60 cm. La couleur automnale jaune orange annonce le brun clair de la silhouette en hiver. Mieux en plein soleil. Plus petite dans les sites très secs. A besoin d'humidité pour donner le meilleur d'elle-même. Semez ou plantez en mini-mottes ou en pots espacés de 60 à 90 cm.

Spartina bakeri.

Sporobolus wrightii.

Sporobolus heterolepis C N

Originaire des grandes prairies d'Amérique du Nord, du Québec au Colorado. Parmi les plus élégantes de toutes les graminées de prairie. Lorsqu'elles éclosent, les fleurs exhalent un parfum exceptionnel (la plupart des gens y décèlent la coriandre ou le popcorn), qui disparaît quand elles arrivent à maturité. Elle pousse lentement mais vaut la peine d'attendre. Feuillage vert vif, de 60 à 90 cm de haut et de large, d'une saisissante couleur automnale. Superbe plantée en masses ou en bancs. Semez ou plantez en mini-mottes ou en pots espacés de 60 à 90 cm.

Sporobolus heterolepis 'Tara'. Une bonne forme naine. C N

Sporobolus wrightii C AP N

Originaire de l'Arizona et du Texas jusqu'au Mexique. Le très beau feuillage gris-vert peut former des touffes arquées de 90 cm à 1,80 m de haut et de large ; les plumets de fleurs d'un vert teinté de rose, qui en séchant virent à une superbe couleur dorée, dépassent les feuilles de 90 cm à 1,20 m. Extrêmement tolérante à la sécheresse et résistante aux conditions salines et alcalines. Se plaît bien aussi sur le littoral. S'adapte même aux conditions désertiques. Plantez en mini-mottes ou en pots espacés de 1,20 à 1,80 m. Spectaculaire en arrière-plan semi-persistant, en spécimen isolé ou en masse.

Sporobolus wrightii 'Los Lunas Form'. Une introduction particulièrement robuste de David Salmon, de *High Country Gardens*, obtenu pour servir de brise-vent pour les cultures en altitude. C AP N

Stipa gigantea (stipa géante, avoine géante) C AP N

Originaire du sud-ouest de l'Europe et d'Afrique du Nord. Cette graminée méditerranéenne persistante compte parmi les plus spectaculaires de toutes les graminées à fleurs. Le feuillage gris-vert, de 60 à 90 cm de haut, pousse en touffes compactes surmontées de fleurs jaune d'or qui les dépassent de 1,50 à 1,80 m. Émergeant de la fin du printemps au début de l'été, les plantes sont étonnantes éclairées de dos. Les hautes colonnes en fontaine des inflorescences sont translucides et irréelles dans la lumière du petit matin ou du couchant ; elles sont belles pendant tout l'été. Elles demandent un bon drainage mais peuvent tolérer une grande variété de sols et des

C Couvre-sol B Bouche-trou AP Arrière-plan

conditions côtières. Difficiles à cultiver si les étés sont à la fois chauds et humides. Bien en plein soleil et tolérante à la sécheresse une fois installée. Spectaculaire en spécimen isolé ou en bancs et traînées. Plantez en mini-mottes ou en pots espacés de 90 cm à 1,50 m.

Thysanolaena latifolia C AP N

Cette graminée réellement tropicale fait un arrière-plan théâtral persistant, avec un feuillage typique, comme celui du bambou, et de grandes inflorescences spectaculaires qui durent longtemps et restent attrayantes sur la plante. Les énormes touffes arquées ont des tiges presque ligneuses, de 3 à 3,60 m de haut et de large. Le feuillage est endommagé à 0 °C, il faut protéger la couronne dans les climats très froids. Accepte une grande variété de sols mais a besoin d'arrosages réguliers pour prospérer. Les larges feuilles se déchirant dans les sites très ventés, il vaut mieux protéger cette plante des vents chauds, secs ou de la mer. Plantez en pots espacés de 1,80 à 2,40 m.

Tripsacum dactyloides (herbe grama) C AP N

Cette graminée en touffes, pour arrière-plan, atteint 90 cm à 1,30 m de large et de haut. De larges feuilles ensiformes, gris-vert (persistantes dans les climats doux), une curieuse inflorescence, brièvement spectaculaire et de belles capsules de graines qui en font une plante à mettre en valeur. Très adaptable, poussant dans la plupart des sols, tolérant les conditions marécageuses, aussi bien que la sécheresse. Plantez en mini-mottes, en pots ou en divisions espacés de 90 cm à 1,50 m. À associer à de grandes fougères. Très intéressante sur les pentes ombragées.

Tripsacum floridanum C B N

Cette graminée en touffes, bleu-vert, persistante, est un joli couvre-sol : ses touffes nettes atteignent 90 cm de haut et de large. Les fleurs sont insignifiantes et soignées, de minces épis brun clair qui donnent un certain intérêt à la plante. Pousse en plein soleil et dans une ombre modérée, dans le sable ou l'argile et tolère les conditions côtières. Plantez en mini-mottes ou en pots espacés de 60 à 90 cm.

Typha (massette)

Les massettes sont des plantes herbacées de saison chaude, formant de denses colonies qui peuvent être, dans de nombreuses

Stipa gigantea.

Tripsacum floridanum.

Thysanolaena latifolia.

situations, impossibles à contrôler. Comme les *Phragmites* et autres plantes de terrain humide agressives, de denses stations de massettes sont souvent présentes sur ce type de site. Se propageant de façon agressive, à la fois par rhizomes et par graines, les massettes peuvent facilement investir le bord d'un étang ; cependant, comme d'autres genres redoutables, elles peuvent être belles et très précieuses pour la faune sauvage. Et les enfants les adorent. Mais ce sont des plantes extrêmement envahissantes et il ne faudrait pas les introduire dans une prairie sans avoir réfléchi au moyen de contrôler leur expansion.

Caractéristique, le feuillage plat gris-vert, est surmonté des classiques massettes, en forme de cigare, qui éclatent en automne et en hiver pour disséminer des milliers de graines emportées par le vent. La couleur automnale dorée est remplacée en hiver

Tripsacum dactyloides.

par le brun des silhouettes. Les massettes prospèrent dans un sol constamment humide, poussant dans les marécages ou dans l'eau jusqu'à 60 cm de profondeur, mais elles peuvent s'adapter à n'importe quel sol tant qu'il demeure humide. Pousse en plein soleil ou dans une ombre légère. Plantez en pots espacés de 60 cm à 1,50 m.

Typha angustifolia. Une des meilleures petites massettes, de 1,20 à 1,80 m. Feuillage élancé, plus gracieux que celui de *T. latifolia* et *T. domingensis*. C AP N

Typha domingensis. Plus grand que *Typha latifolia*, jusqu'à 3,60 m, plus répandue dans les marécages du sud et de l'ouest. C AP N

Typha latifolia. L'espèce la plus courante, de 1,80 à 3 m, avec de larges feuilles plates. *T. latifolia* 'Variegata', au feuillage strié de blanc, est moins agressive. C AP N

Typha laxmannii. La plus belle des massettes compactes, 90 cm à 1,50 m de haut. C AP N

Typha minima. Forme compacte, de 60 à 75 cm de haut, avec des capsules de graines rondes. Pousse faiblement dans les climats doux et a besoin d'un hiver froid pour s'épanouir. C N

Typha latifolia.

Vetiveria zizanioides (vétiver) C AP N

Originaire d'Inde. Cette graminée en touffes, semi-tropicale, persistante, pour arrière-plan, est cultivée par l'homme depuis des milliers d'années pour son huile parfumée que l'on tire de ses racines (l'huile de vétiver est un des plus anciens parfums et remèdes médicinaux connus). Ses feuilles sont utilisées pour confectionner des paniers, des écrans et des tapis. Mieux en plein soleil ou dans une ombre légère. Supporte aussi des conditions côtières. S'il accepte le sable, l'argile, la sécheresse et la chaleur, il peut aussi pousser dans des régions désertiques de basse altitude, formant des colonnes érigées de 1,20 à 2,40 m. Ses feuilles vernissées d'un vert bronze n'ont pas d'odeur du tout ; elles sont parfois tressées pour créer une « coiffe » de graminées à la fois sculpturale et fantasque. Le feuillage a une forme étonnamment architecturale : en hiver l'extrémité des feuilles se recourbe et boucle comme un serpentin – vraiment une des meilleures graminées pour apporter de la couleur en hiver sous les climats doux. Sous les climats très froids, il peut rougir s'il gèle fort. Plantez en mini-mottes, en pots ou en divisions espacés de 30 cm à 1,20 m.

Vetiveria zizanioides 'Silver Rockets'. Atteint 1,50 à 2,40 m de hauteur, au feuillage plus étroit et plus argenté, surmonté de superbes fleurs argentées de 90 cm. C AP N

Vetiveria zizanioides.

CHAPITRE 7

CRÉER UNE PRAIRIE

J'aime disposer les plantes sur le site, les déplacer,
puis imaginer la façon dont elles vont pousser ensemble.

Si vous avez l'intention de faire appel à un entrepreneur paysagiste pour installer votre prairie, renseignez-vous sur son travail, autant que vous le pouvez. Demandez des références et seulement ensuite contactez-le.

(page suivante) La création de prairies étant relativement nouvelle pour les jardiniers vous rencontrerez probablement des difficultés pour trouver toutes les plantes dont vous avez envie. Mais souvenez-vous qu'une fois les plantes de base plantées, vous pourrez toujours en ajouter d'autres plus tard.

LE SUCCÈS DE VOTRE PRAIRIE dépend de nombreux facteurs : la sélection des plantes adaptées à votre sol et à vos objectifs, la bonne préparation du site avant le début des plantations, le choix de la méthode et du moment de l'année pour planter. Un raté dans un de ces domaines peut faire la différence entre une belle prairie ou une plantation désordonnée, peu satisfaisante. Prenez votre temps pour être sûr de bien comprendre ce qui vous attend. La plantation d'une prairie est un bonheur en soi. Et, une fois installée, elle deviendra une source d'inspiration infinie. Pour cela quelques conseils peuvent s'avérer utiles, vous devriez les trouver dans ce chapitre. Si, dès le départ, vous faites très attention aux détails, la création d'une prairie se fera en douceur et les plantes pourront s'installer rapidement.

Qui va planter votre prairie ?

Si vous devez faire le plus gros du travail vous-même, assurez-vous que vous avez étudié tous les facteurs qui entrent dans la construction d'une prairie. Savez-vous vraiment combien de temps cela va prendre ? Avez-vous tous les outils nécessaires pour ce travail ? Êtes-vous sûr que tous les fournisseurs de graminées et des autres plantes que vous voulez planter pourront vous les donner dans les délais souhaités ? Même les petites prairies demandent beaucoup de plantes pour réaliser un bon couvre-sol et obtenir les résultats désirés. Les plantes arrivent dans des conteneurs de tailles variées, depuis les

Les graines utilisées pour ensemencer une prairie doivent être le plus possible débarrassées de mauvaises herbes. Recherchez toujours le plus fort pourcentage de graines pures et vivantes.

petites mini-mottes de quelques centimètres jusqu'à des pots de 4 litres et plus pour les spécimens, en passant par des godets de 10 cm. Toutes ces plantes doivent se retrouver dans un sol préparé, le plus tôt possible après leur arrivée sur le site.

Une autre question majeure à considérer est celle des fournisseurs : pour obtenir les types de graminées dont vous aurez besoin, vous devrez peut-être faire appel à des grossistes ou à des pépinières spécialisées qui ne vendent pas directement aux particuliers. Pour obtenir les meilleurs prix pour les graminées et les autres plantes, vous allez peut-être devoir passer par une entreprise de paysagisme ou un horticulteur professionnel qui peut négocier avec les pépinières concernées.

Si vous n'avez pas l'intention de faire votre prairie vous-même, vous aurez besoin d'un bon entrepreneur. La plupart des jardiniers savent que s'adresser à une entreprise de paysagisme reconnue et assurée est la meilleure manière de débuter un nouveau jardin. Avant de vous engager avec un paysagiste, renseignez-vous sur les éventuelles organisations commerciales et professionnelles auxquelles il appartient. Demandez-lui depuis combien d'années il travaille dans ce domaine, consultez ses portfolios de projets. Ceci se fait très facilement aujourd'hui, de nombreux paysagistes ayant un site Internet. Mais le plus important est de visiter quelques-uns des sites réalisés : aller voir son travail sur le terrain et parlez avec ses clients.

Comme pour d'autres métiers et professions, rien ne vaut d'apprendre de la bouche de précédents clients comment les choses se sont passées, celles qui se sont bien passées et les problèmes grands ou petits qui ont pu se poser. Vous devez le savoir : tous les projets concernant la maison ou le jardin connaissent quelques ratés sur la longueur, même quand le résultat est superbe ! Essayez de savoir s'il vient quand il l'a dit – rien n'est plus pénible qu'un entrepreneur sur qui on ne peut pas compter. Laisse-t-il un site propre ? Protège-t-il les plantes existantes et les zones qui ne doivent pas être modifiées ? Répond-il aux coups de téléphone et aux courriels dans des délais raisonnables ? Demandez si l'entreprise peut assumer plusieurs métiers ou spécialités – par exemple, en ce qui concerne le travail du sol : le nivellement, le drainage et autre excavation, la préparation du sol, l'aération, la conception et l'installation du système d'arrosage. Pensez à l'avenir et renseignez-vous sur la question de l'entretien - certaines entreprises le prennent en charge, d'autres non. Les entreprises vraiment compétentes, qui intègrent plusieurs métiers, permettent souvent d'épargner un temps précieux et de l'argent car elles n'ont pas à coordonner plusieurs entreprises, à jongler pour faire coïncider de nombreux travaux et des livraisons de matériels. N'oubliez pas que les bonnes entreprises sont très occupées : vous devrez signer un contrat avec elles bien avant le début des travaux.

La notion de prairie paysagère étant relativement nouvelle, même les pépiniéristes et horticulteurs professionnels qui travaillent depuis des années peuvent manquer d'expérience en ce qui concerne la plantation d'une telle prairie. Heureusement, la plupart des pépinières spécialisées, qui produisent et cultivent des graminées pour prairie, peuvent être consultées sur celles qu'elles vendent. Demander à un pépiniériste ou un consultant horticole de venir voir le site avant la plantation est souvent une bonne idée. Une seconde visite, lorsque les plantes sont livrées, signifiera que quelqu'un qui connaît bien la plantation et la culture des graminées de prairie est vraiment impliqué dans votre projet. Ceci peut vous faire économiser beaucoup de temps et d'argent à long terme. Il est bon aussi qu'il revienne voir le projet une fois achevé, pour être sûr que la nouvelle prairie est convenablement entretenue.

Prendre ses dispositions pour la livraison des graminées

Les graminées pour prairie sont vendues en graines, divisions, plants à repiquer et plantes en pot. Les graines sont en général disponibles toute l'année. Les stocks peuvent être importants en été et en automne quand la plupart des graines ont été récoltées – le moment exact varie selon le type de graminée. Et la récolte a lieu lorsque les graines sont les plus fraîches possible. Lorsque vous commandez des graines, assurez-vous qu'elles sont débarrassées au maximum de graines de mauvaises herbes – vous n'avez pas l'intention d'importer des mauvaises herbes fraîches dans un site nettoyé ! Recherchez toujours le plus fort pourcentage de bonnes graines et le plus bas de mauvaises herbes. Les graines doivent toujours être convenablement stockées, pour conserver leur qualité et préserver un taux de germination le plus élevé possible. Ce qui veut dire que vous devrez les semer très rapidement, ou les stocker dans des conteneurs à l'abri des rongeurs, dans un endroit frais et sec jusqu'à ce que votre site soit prêt à les recevoir.

Les graines peuvent être semées à la volée, par des semoirs manuels ou par de gros outils agricoles. Le semis par semoir hydraulique est très utile sur de larges surfaces et sur les sites en pentes et vallonnés. C'est un appareil spécial qui mélange les graines dans une cuve, avec diverses fibres de papier et de l'eau pour faire une sorte de bouillie, que l'on pulvérise sur le site. Les fibres agissent comme un paillis, empêchant les graines de se dessécher et réduisant les mauvaises herbes. Les prairies ainsi ensemencées ont tendance à avoir une distribution uniforme des différentes plantes les composant, même si les variations à travers le site – selon les types de sols, les teneurs en humidité, les terrains et les niveaux de lumière – vont affecter leur croissance : certaines prospéreront mieux dans telle ou telle partie de la nouvelle prairie. Pour des effets plus naturels, le semis à la volée est un des facteurs à considérer, qui permet de mieux maîtriser et varier la relative concentration de certaines plantes. On peut l'effectuer juste avant de pulvériser le mélange du semoir hydraulique.

Les prairies ensemencées sont plus longues à s'installer – en général au moins deux ans, plus souvent trois. Selon les composants, la première saison sera en général une année de démarrage pour les plantes ; les graminées peuvent pousser mais beaucoup, notamment les vivaces, risquent d'avoir besoin d'une seconde saison pour se montrer sous leur vrai jour. C'est pourquoi l'ajout de plantes à fleurs, qui fleuriront dès la première saison, est une bonne solution – elle permet à la pelouse d'avoir un bel aspect le plus tôt possible. Bien que le semis puisse sembler le moyen le moins cher de planter une prairie, le véritable coût pourrait ne pas être aussi évident. Pour obtenir de très bons résultats, il faut conserver un environnement débarrassé de mauvaises herbes pendant deux ans (celles-ci entrent en compétition avec les plantes choisies, pour l'eau, la lumière et l'espace). Et les coûts d'un tel entretien peuvent être supérieurs à ce que l'on imagine.

Les prairies plantées de divisions, de plants à repiquer et de plantes en pots sont établies dès la première saison. Elles sont pour la plupart à maturité en 60 à 120 jours, selon la région et le moment de l'année.

Un simple semoir manuel est parfait pour semer les graines. Les gens semblent avoir oublié que l'on n'est pas toujours obligé d'avoir du matériel sophistiqué ou des semoirs hydrauliques pour semer.

Les divisions ou les plants à repiquer sont livrés racines nues pour diminuer le poids des colis. Ils devront toujours être mis en jauge immédiatement après leur arrivée.

De nombreuses graminées qui font de bons bouche-trous sont vendues en graines et certaines autres peuvent être cultivées en serre à partir des graines, mais celles-ci sont ou très chères ou difficilement disponibles. Et quelques-unes des plantes de prairie les plus intéressantes, comme les laîches qui font d'excellentes pelouses naturelles, ne sont pas en général vendues en graines mais seulement en mini-mottes. Certaines sont des hybrides ou des clones aux graines stériles et ne peuvent être plantées qu'en mini-mottes ou en plants. Il est préférable de mettre au point une stratégie d'acquisition qui comporte à la fois des graines et des plants.

De nombreuses graminées de prairie sont cultivées en terre ou dans des planches de pépinières et « récoltées » lorsque les plantes sont commandées. Certains genres de graminée ne se repiquent pas bien, *Stipa* et *Nassella*, avec leurs systèmes racinaires fragiles, sont les principaux exemples de celles qui détestent être perturbées. Pourtant, la grande majorité des graminées de prairie se plantent facilement à partir de plants en motte (ou plants à racines nues), quand cela est bien fait. Le moment choisi est très important : de nombreuses graminées sont difficiles à déterrer et transplanter dans la chaleur de l'été.

Il faut toujours couper le feuillage et les racines des graminées à repiquer dans de bonnes proportions. Cela va, en moyenne, de 1/2 à 1/3, selon la taille des plants. Ils peuvent grandement varier en taille, et les pépinières spécialisées peuvent multiplier les graminées à partir de propagules à pousse unique ou à deux pousses. La plupart des plants vendus dans un but paysager sont des touffes avec trois à cinq pousses au minimum. En général, les racines et le feuillage sont coupés au moment de la division pour favoriser leur nouvelle croissance.

Plants à racines nues ou plants en motte ne sont disponibles qu'à la fin de l'hiver, au printemps et en automne, selon la graminée ; lorsqu'arrive l'été, cela devient beaucoup plus risqué de déterrer et de diviser de nombreuses graminées et beaucoup de pépinières n'en expédient plus aux clients pendant les chaleurs. Cela ne pose pas de problème car il vaut mieux repiquer la plupart des graminées au printemps et en automne. À moins que les plantes soient des graminées tropicales, qui poussent activement pendant les mois chauds de l'été, il ne faut pas essayer de planter pendant la chaleur estivale. Un autre facteur à considérer, quand vous faites vos plans, est un éventuel changement des conditions climatiques « normales » – une chaleur hors saison chaude, un automne sec par exemple – qui signifie que votre fournisseur va devoir reporter toutes les opérations – déterrer, diviser ou repiquer vos graminées (et la plupart des autres plantes). Il est bon de vérifier deux fois avec vos fournisseurs la façon dont se portent vos cultures, pour pouvoir prendre d'autres dispositions le cas échéant.

On a souvent besoin de grandes quantités de graminées couvre-sols, c'est pourquoi il vaut mieux passer vos commandes le plus tôt possible. Et comme ces graminées de base sont relativement nouvelles sur le marché, la disponibilité peut poser un problème, mieux vaut signer un contrat de bonne heure, particulièrement pour de grandes quantités, pour être sûr qu'elles seront là lorsque vous en aurez besoin. N'oubliez pas que toutes les graminées ne sont pas disponibles à toutes les périodes de l'année, notamment pour les petites tailles bon marché. En négligeant de commander vos plantes à l'avance, vous risquez non seulement de ne pas avoir les plantes que vous voulez pour votre prairie, quand vous en aurez besoin, mais aussi de devoir les payer plus cher, ou de devoir en acheter de plus grandes et de plus chères.

Un contrat est souvent le meilleur moyen de s'assurer à la fois de la disponibilité et du meilleur prix. De plus en plus de fournisseurs spécialisés dans les graminées acceptent de signer des contrats spécifiant les dates, les tailles et les quantités. Sachez que de nom breuses pépinières vous factureront des frais d'entretien de votre culture si vous laissez passer la date, et des frais de stockage pour des plantes non retirées. La plupart des producteurs réputés vous expliqueront clairement leurs conditions au moment de passer le contrat, mais lisez bien les notes en petits caractères de tout contrat avant de signer.

Les graminées en pots se présentent dans de nombreuses tailles, les pépinières fournissant aujourd'hui du matériel qui va de barquettes, avec des alvéoles de la taille d'un dé à coudre, à des bacs pour spécimen de plus de 55 litres. Traditionnellement, les plantules étaient dans des petits pots individuels mais avec l'arrivée du plastique moulé, il existe aujourd'hui des barquettes avec des alvéoles de profondeur variée, selon les racines des plantules. Sachez que certaines barquettes sont réservées à la production des pépinières car les plantes sont trop petites pour être plantées directement dans la nature. Si vous

(à gauche) Il existe une grande variété de tailles de plantes en pots, depuis de minuscules mini-mottes jusqu'aux spécimens de plusieurs litres. De nombreuses graminées couvre-sols sont plantées en petits pots parce qu'elles poussent rapidement et qu'il est beaucoup moins cher de planter des très petites plantes. Les plantes pour arrière-plant et celles utilisées pour apporter des notes fleuries ou foliaires peuvent n'être disponibles qu'en très grands pots.

(à droite) Les barquettes en général contiennent 36 à 72 plantes. Faites attention avec les plantes en barquette – certaines peuvent être trop petites pour les planter directement dans le jardin ; elles sont uniquement destinées à la production en pépinière.

choisissez les barquettes, renseignez-vous sur leurs dimensions et sur le nombre approximatif de pousses de graminée dans chaque alvéole. Des plantes en barquette de bonne qualité conviennent pour la plupart des installations de prairie ; en général ce sont les moins chères et par conséquent les plus intéressantes pour votre budget. La plupart des graminées ne sont disponibles en barquettes qu'à certains moments de l'année – en général l'hiver, le printemps ou l'automne – à moins qu'elles n'aient été spécifiquement prévues par contrat pour un projet particulier.

La plupart des graminées couvre-sols sont cultivées en mini-mottes, barquettes, pots de 10 cm et conteneurs de 4 litres. À chaque fois que c'est possible, je plante à partir de pots de très petite taille : les très petites plantes s'enracinent dans le sol du site beaucoup plus vite et elles sont aussi plus rapides à planter – les trous de plantations peu profonds épargnent du temps et de l'argent. Les plantes avec de grosses mottes de racines, outre leur prix plus élevé, sont beaucoup plus chères à planter. Elles ont davantage de terre autour de leur système racinaire, ce qui demande des trous de plantation plus profonds, et la terre de la pépinière n'est pas, bien évidemment, celle dans laquelle les plantes vont finalement devoir pousser. Cette différence de terre peut ralentir l'installation de la plante et entraîner un éventuel pourrissement ou dessèchement des racines.

Il est important aussi de noter qu'une mini-motte, selon le moment de l'année où la plantation a lieu, n'a souvent que quelques semaines de moins en croissance qu'un pot de 10 cm. Et à son tour, le pot de 10 cm n'est pas très loin d'un conteneur de 4 litres, qui à son tour n'est pas très loin derrière un conteneur de 20 litres. Le coût d'une mini-motte peut être trois à cinq fois moins élevé que celui d'un conteneur de 4 litres, sans compter que les plantes s'établiront plus vite et seront en meilleure santé à long terme.

Les graminées à planter comme spécimens sont souvent disponibles dans des pots ou des bacs de très grande taille ; si elles sont convenablement plantées, elles doivent pousser sans problème. Souvenez-vous simplement que la plupart des graminées plantées à partir de pots poussent rapidement. Souvent aussi, on peut les planter en été, quand il fait chaud, tant qu'elles conservent de l'humidité, alors que c'est déconseillé pour les semis et les plants à repiquer. Mais cela demande un arrosage automatique programmé.

Le site de votre prairie devra être débarrassé de toute mauvaise herbe, correctement égalisé et d'une humidité adéquate.

Les redoutables

Le facteur le plus important, dans le processus de création d'une prairie, est la préparation du site et la partie la plus importante de cette préparation, c'est l'élimination de toutes les mauvaises herbes. La méconnaissance et la mauvaise gestion, au départ, des mauvaises herbes vivaces diminueront grandement les chances de réussite de votre prairie. Avant que le nivellement ou le déplacement de terre ne commence, vous devez savoir quelles sont celles présentes sur le site, près du site et celles qui peuvent apparaître sur le site. Pour les identifier, faire appel à un professionnel expérimenté peut être la meilleure option qui, à long terme, vous fera épargner du temps et de l'argent.

Les mauvaises herbes sont partout – dans le sol, l'air et l'eau. Malheureusement, la plupart des gens ne connaissent pas bien ou ne comprennent pas leur nature ou les concepts de perturbation écologique. L'exposition du sol à l'écosystème environnant peut entraîner plus de problèmes que d'avantages, de même que cultiver sans connaître vos mauvaises herbes peut faire plus de mal que de bien. Chaque fois que vous retournez la terre, vous créez un point d'entrée pour ces plantes nuisibles. Niveler ou labourer un sol infesté par des mauvaises herbes peut parfois les multiplier, selon qu'elles sont annuelles (graines) ou vivaces (stolons et rhizomes). Pour les empêcher de pousser, il est très souvent préférable de pailler un sol nu que de le retourner.

Un sol nu semble vide mais en général c'est une banque de graines, pleine de mauvaises herbes invisibles, qui n'attendent que de germer – ce qu'elles font dès que la température du sol se réchauffe, que la pluie tombe ou qu'on arrose, et que la lumière du jour favorise la croissance des plantes. Il vaut mieux entreprendre la lutte avant tout nivellement car – selon les mauvaises herbes présentes – vous ne feriez que les répandre encore plus sur le site. Il faut toujours connaître la provenance de la terre apportée dans votre jardin. À moins qu'elle ne vienne d'un fournisseur réputé, elle peut contenir des mauvaises herbes vivaces qui n'apparaîtront que plus tard. Les matériels agricoles et les arbres spécimens sont des sources de contamination notoires.

Le trèfle – considéré comme une mauvaise herbe dans les prairies conventionnelles – n'est pas toujours déplacé dans une prairie. C'est une légumineuse qui, par conséquent, apporte de l'azote au sol. Certains trèfles peuvent être régulés et de nombreux clones sont proposés dans les pépinières.

On définit souvent une mauvaise herbe comme une plante qui n'est pas à sa place – selon ce critère le maïs est une mauvaise herbe dans un champ de blé. Mais ceci dit, ce que beaucoup de gens considèrent comme une mauvaise herbe dans leur jardin peut ne pas en être une dans votre prairie – c'est pourquoi certains des premiers jardiniers à planter des prairies ont eu des difficultés avec leurs voisins et les autorités municipales. Par exemple, prenez les espèces d'*Oxalis*, certaines sont considérées comme des mauvaises herbes dans les pelouses traditionnelles, tondues de près. Au ras du sol, on peut les trouver disgracieuses dans des pelouses conventionnelles mais, dans une prairie, les mêmes plantes ne seront pas déplacées, notamment la très jolie *Oxalis* petite oseille. Et cela est vrai d'autres plantes « mauvaises herbes » : le trèfle rouge (*Trifolium pratense*) se marie bien avec les graminées de prairie et a été utilisé par des paysagistes renommés comme Christopher Llyod et Piet Oudlof.

Mais aussi bienveillant que soit le regard que vous pourriez porter sur elles, certaines plantes sont des mauvaises herbes, quels que soient les critères considérés. Page 237 vous trouverez un récapitulatif de celles qui vous menacent, les redoutables comme je les appelle. Notez qu'elles sont majoritairement soit des graminées vivaces, soit des

Cette prairie de lupins envahie par du sorgho d'Alep (*Sorghum halepense*).
On arrive parfois à réguler des mauvaises herbes qui finissent alors par faire de bons couvre-sols.

LES REDOUTABLES

Acroptilon repens

Eurasie. Cette pénible mauvaise herbe, qui se répand rapidement, atteint 30 à 90 cm de haut et peut être difficile à éliminer.

Ambrosia (ambroisie)

Amérique du Nord. Un fléau qui se propage par graines et stolons et se conduit fort mal si on le laisse prospérer.

Arctium minus (petite bardane)

Europe. Une bisannuelle qui s'enracine profondément, se propage par graines et atteint 1,20 à 1,50 m de haut.

Bromus inermis (brome inerme)

Eurasie. Parmi les pires graminées nuisibles ; une lutte sans relâche arrive souvent à éradiquer l'espèce. Bien qu'elle soit utilisée comme graminée de pâturage, le spécialiste des prairies, Neil Dibboll (qui l'a surnommée '*Bromus enormous*', vu son développement agressif) la considère comme une graminée à problèmes.

Centaurea solstitialis (centaurée du solstice)

Eurasie, bassin méditerranéen. Ce chardon annuel a un feuillage très piquant et se propage de manière prolifique par ses graines.

Cirsium arvense (cirse des champs)

Les chardons originaires des États-Unis posent rarement des problèmes. Celui-ci est une créature complètement différente, qui pousse jusqu'à 1,20 à 1,50 m de haut. Il doit être éliminé chaque fois que c'est possible. Ce redoutable envahisseur se multiplie par ses graines et ses rhizomes et crée de denses colonies difficiles à éradiquer, même dans les meilleures conditions.

Convolvulus arvensis (liseron)

Cette plante rampante, qui ressemble à une plante grimpante, au feuillage gris-vert et aux jolies fleurs blanches, se propage de manière agressive par ses graines et ses rhizomes.

Cynodon dactylon (chiendent pied-de-poule)

Eurasie. Afrique. Le feuillage gris-vert se propage en rampant à partir de stolons, de rhizomes et de graines. Les formes hybrides, plantées pour faire des pelouses, sont de plus belle texture mais si leurs graines sont stériles, leurs stolons et rhizomes continuent de les propager. Non tondu, le chiendent peut atteindre 45 cm de haut et ses stolons peuvent escalader une barrière métallique. Le chiendent pied-de-poule peut atteindre jusqu'à 1,20 m de haut.

Le chiendent est une graminée de saison chaude qui ne se marie pas bien avec la plupart des graminées de prairie de saison fraîche. De nombreux jardiniers le confondent avec le fonio (*Digitaria*). Au fil du temps, la plupart des très vieilles pelouses sont infestées par le chiendent, car les services d'entretien des pelouses le propagent souvent de jardin en jardin.

Cyperus esculentus (souchet comestible)

Cette laîche rampante qui aime l'humidité et se propage par rhizomes et graines, est souvent présente dans les prairies humides. Ses tubercules souterrains, de la taille et la forme d'une noisette, resurgissent avec une ténacité à nulle autre pareille. Des infestations denses peuvent être impossibles à éliminer et s'en accommoder peut à la longue s'avérer plus judicieux.

***Digitaria* (fonio)**

Mauvaise herbe annuelle, qui ressemble au chiendent mais est loin d'être aussi dangereuse. Cependant, il vaut mieux la supprimer des prairies.

***Lonicera japonica* (chèvrefeuille du Japon)**

Asie. Son parfum agréable n'est pas une raison suffisante pour vivre avec le chèvrefeuille du Japon. Avec son port de liane et sa croissance vigoureuse, il peut submerger une prairie en un rien de temps.

***Pennisetum clandestinum* (kikuyu)**

Asie. Cette graminée rampante de saison chaude se propage par graines et stolons. Elle est souvent présente dans les pelouses ou dans celles qui sont envahies par les mauvaises herbes. Plus facile à éliminer que le chiendent car elle ne se propage pas par rhizomes, elle est pourtant difficile à contrôler et il vaut mieux la supprimer des prairies.

***Polygonum* (renouée)**

Eurasie. De nombreuses renouées posent des problèmes et il vaut mieux s'en occuper car elles peuvent dominer les prairies et devenir de véritables fléaux.

***Rubus* (ronce)**

Eurasie. Les prairies nouvellement plantées sont facilement envahies par les tiges épineuses et rampantes des ronces à mûres. Maintenez-les en bordure de la prairie chaque fois que c'est possible.

***Securigera varia* (coronille bigarrée)**

Eurasie. Cette plante rampante persistante qui pousse lentement, couramment plantée pour lutter contre l'érosion, se propage par rhizomes et graines. Elle est pernicieuse et difficile à éliminer. Évitez de l'utiliser et dissuadez les agences locales de le faire car il existe de nombreux couvre-sols qui ne sont pas une menace pour l'environnement et que l'on peut utiliser à sa place.

***Solidago canadensis* (verge d'or)**

Originaire d'Amérique du Nord. Alors qu'il existe de nombreuses espèces et variétés de verges d'or de bonne compagnie, celle-ci est une calamité et doit être supprimée et évitée à tout prix. Se propage par graines et rhizomes.

***Sorghum halepense* (sorgho d'Alep)**

Originaire du sud de l'Europe. Cette graminée rampante de saison chaude atteint 1,20 à 1,80 m de haut, elle se propage lentement et abondamment par graines et rhizomes. Présente en général dans les sols humides des fossés et des bassins de drainage. De nature agressive et difficile à éliminer.

***Toxicodendron* (sumac vénéneux)**

Cette plante se propage par graines et rhizomes et sa sève toxique est dangereusement irritante pour la peau, elle peut provoquer de sévères dermatites chez la plupart des gens. Les espèces se répandre à travers toute une prairie, rendant l'entretien difficile.

plantes qui se ressement de façon prolifique, soit des plantes dont les tiges souterraines défient toutes tentatives d'élimination par quelque moyen que ce soit. Ce sont des terreurs horticoles qui doivent être éradiquées à chaque fois que c'est possible. Si vous ne connaissez pas ces plantes, vous devez faire appel à un professionnel qui les connaît. Un échec dans la lutte contre ces mauvaises herbes est la cause numéro un des échecs des prairies.

La lutte organique contre les mauvaises herbes

Aucune des différentes méthodes de lutte organique n'est à elle seule efficace contre toutes les mauvaises herbes et dans toutes les situations. Les barrières anti-mauvaises herbes, par exemple, peuvent être efficaces contre certaines mais se révèlent sans effet contre d'autres. L'acide acétique (vinaigre) à haute concentration peut supprimer de nombreuses graminées de gazon de saison fraîche, mais n'est pas efficace contre le chiendent ou les plantes herbacées. On peut parfois remplacer la couche arable mais cette terre doit être prise quelque part, cela peut être coûteux et annule tous les bénéfices « verts ». Personnellement, je n'aime pas retirer la couche arable d'un site car c'est se lancer dans une drôle d'affaire, qu'il vaut mieux éviter (perturbation écologique là encore).

On peut parfois lutter contre les mauvaises herbes en « cuisant » le sol. On le recouvre d'une bâche de plastique noir pendant un an ou plus ; ainsi couvert, le sol chauffe lorsque le soleil frappe le plastique et cela – ajouté au manque de lumière – finit par tuer les mauvaises herbes. Mais ce n'est effectif que lorsque la température du sol atteint plus de 37 °C pendant une période de temps assez longue et, selon mon expérience, cette méthode ne permet de nettoyer que la couche superficielle du sol. Ce n'est pas un mode de lutte garanti pour débarrasser un site de toutes les mauvaises herbes, et notamment des types vraiment nuisibles.

Couvrir le sol de papier journal, une autre forme de lutte organique, semble plus efficace sous des températures chaudes, sur la plupart des mauvaises herbes annuelles ; prévoyez une couche de vieux journaux de 5 cm au moins, sur laquelle vous poserez des poids pour qu'elle ne s'envole pas. Laissez en place pendant 2 à 15 mois.Vous pouvez aussi utiliser un vieux tapis pour recouvrir le sol pendant un an ou plus, la croissance des mauvaises herbes sera inhibée par manque de lumière.

Retourner le sol (par des moyens manuels ou mécaniques) agit sur la plupart des mauvaises herbes annuelles mais là encore, cela favorise finalement la propagation de certaines mauvaises herbes vivaces. En cassant leurs tiges souterraines, on crée de nouvelles plantes, d'où la nécessité de retourner à nouveau le sol : toutes les deux ou trois semaines au printemps et en été pendant au moins deux ans. Pour éliminer les vivaces robustes, vous pouvez devoir retourner la terre toutes les deux semaines pour que les nouvelles pousses n'aient pas le temps de s'établir.

Bien que ce ne soit pas une option possible pour les jardins de ville, le brûlage d'une aire à la fin de l'hiver peut certainement éliminer quelques mauvaises herbes. Ne faites jamais de feu sur votre propriété sans avoir obtenu les permissions nécessaires. Certaines périodes dangereuses - vents forts, températures élevées et faible humidité – sont à éviter. Les mauvaises herbes enflammées brûlant des hydrocarbures, le brûlage n'est peut-être pas une méthode de lutte aussi « verte » qu'on pourrait le penser. Alors que le feu est historiquement un outil indispensable de gestion des prairies, la plupart des prairies sont basées sur des graminées de saison fraîche. Le brûlage est donc d'une application limitée dans le jardinage de prairie et peut être inefficace pour éradiquer de nombreuses mauvaises herbes très nuisibles.

La tonte peut éliminer de nombreuses mauvaises herbes annuelles, surtout si elle a lieu après que celles-ci ont dépensé la plus grande partie de leur énergie dans leur croissance et soient sur le point de grainer pour produire la prochaine génération. Des tontes successives n'ont pas d'effet négatif sur les graminées et les plantes à fleurs vivaces de la prairie. Utilisez une débroussailleuse à fil ou à lame. Il existe aussi des tondeuses « spéciales mauvaises herbes » qui tondent à 15 ou 20 cm. On peut laisser sur le sol les déchets de tonte, qui feront un paillis ; mais s'il s'agit de très hautes mauvaises herbes, il vaut mieux les ratisser et s'en débarrasser. On peut aussi enlever les vieilles pelouses avec des coupeurs de gazon, mais si elles contiennent des mauvaises herbes vivaces et autres plantes indésirables, cela ne résoudra pas le problème. À moins d'être absolument sûr que la pelouse ne contient pas de mauvaises herbes à rhizomes rampants, les coupeurs de gazon laissent presque toujours derrière eux le problème des mauvaises herbes. Et n'oubliez pas que l'enlèvement de la vieille pelouse a un coût.

Renoncer à la lutte contre les mauvaises herbes

Et pourtant, il existe des situations où la lutte contre les mauvaises herbes n'est pas possible. En général, la zone choisie est entourée de tant de plantes contaminantes que la ré-infestation est inévitable. Dans ce cas, vous devez envisager une autre solution. Apprenez à vivre avec les mauvaises herbes ! Ajouter des graminées et des notes fleuries ou foliaires, qui seront des partenaires à la mesure des mauvaises herbes récalcitrantes, est peut-être plus judicieux que de se battre pour éliminer ce qui ne pourra jamais l'être. Vous pouvez toujours choisir de mener un combat sans fin – pour une survie des plus forts à la Darwin – pour avoir des plantes aussi grandes et aussi vigoureuses, mais en donnant une place aux mauvaises herbes, de façon qu'elles soient dans la « place », ce ne seront plus des mauvaises herbes. Autant se dire : « À défaut de les supprimer, nous allons en faire des alliées. »

Nivellement et préparation du sol

Il est temps d'envisager les autres aspects clés de la préparation du site. Le nivellement implique que de la terre soit déplacée sur le terrain pour en asseoir la dernière couche. On peut, si on veut, à ce moment-là créer des monticules ou des dépressions. Les monticules relèvent en général d'une intention esthétique et non pratique. Souvenez-vous que l'humidité devra être drainée, flux et reflux, vers une dépression. Si vous souhaitez utiliser des graminées qui ont besoin d'un bon drainage, il est sage de les placer sur une montée pour qu'elles soient correctement drainées ; de même des endroits en contrebas ou des dépressions peuvent être un avantage si vous avez l'intention de planter sur un terrain plat des graminées qui aiment l'humidité. L'égalisation du sol est un processus très subjectif et il vaut mieux qu'il soit effectué par un entrepreneur qui a les équipements adéquats et comprend la façon dont l'eau s'écoule à travers votre site.

La manière de concevoir la préparation du sol a connu des changements majeurs au cours de ces dernières années, les problèmes de jardinage et d'écologie interférant les uns avec les autres. Pour de nombreux écologistes, la préparation du sol, dans un jardin traditionnel, est un mythe et serait en fait nocive pour l'environnement. Si vous récoltez de la tourbe quelque part pour l'expédier à des milliers de kilomètres en Californie, puis que vous l'incorporez, avec un rotovateur, dans les 15 premiers centimètres de sol argileux de votre site, est-ce que vous améliorez vraiment le sol ? Est-ce qu'il ne vaudrait pas mieux choisir des plantes qui prospèrent dans le sol que vous avez, quel qu'il soit, et où leurs racines pourront pénétrer en profondeur ? Endommager un écosystème pour en « améliorer » un autre, en le stimulant de façon provisoire, est stupide et néfaste pour la planète.

Une préparation du sol traditionnelle permet-elle l'établissement d'une prairie ? Oui. Mais les prairies peuvent–elles se faire sans préparation du sol traditionnelle ? Là encore, oui. Ameublir la terre en la retournant permettra d'accélérer la plantation des mini-mottes de petites plantes, mais cela n'est pas nécessaire. Une bonne sélection et une fertilisation appropriée permettront aux prairies d'être plus réussies que la préparation du sol la plus sophistiquée. Souvent, l'ajout de grandes quantités de matière organique épuise l'azote contenu initialement dans le sol, car les bactéries du sol le consomment pour pouvoir digérer un festin si riche. C'est un principe fondamental de l'établissement d'une prairie : les graminées aiment l'azote. Si vous voulez qu'elles poussent, donnez-leur de l'azote et de l'eau en abondance.

Il existe une trop grande variété de sols et de climats pour que l'on puisse livrer une formule magique, mais une chose est sûre, des apports d'azote – que ce soit sous forme de granulés, de liquide organique ou non organique – font pousser les graminées et aideront votre prairie à s'établir. Les fertilisants « organiques » ont tendance à être faibles en azote, il faut donc en apporter plus fréquemment. Enfin, ne fertilisez que lorsque c'est nécessaire – surtout pour que les plantes s'établissent. Si vous n'êtes pas habitué à employer des fertilisants, demandez l'aide d'un professionnel.

Les paillis ou les copeaux d'écorce répandus sur la surface de la prairie, qui doit être plantée, sont beaucoup plus bénéfiques que les paillis incorporés au sol. En surface, ils conservent l'humidité, inhibent la croissance des mauvaises herbes et permettent de garder à la prairie nouvellement installée un aspect soigné. Ils réduisent la boue au minimum et sont indispensables dans une prairie où des enfants ou des chiens peuvent courir. Comme la plupart des prairies sont plantées avec de très petits pots ou des mini-mottes, on peut souvent épandre le paillis avant la plantation, ainsi la boue, les mauvaises herbes et le compactage du sol seront limités.

Pratiquement tous les types de paillis peuvent être efficaces dans une prairie. D'un point de vue écologique, ce qui est produit localement est meilleur pour la planète. Qu'ils soient de pin, d'eucalyptus, de contreplaqué déchiqueté ou tout autre mélange, les copeaux de bois n'ont pas d'effet néfaste sur la croissance de la plupart des graminées. Vous pouvez toujours repousser le paillis de 2,5 à 8 cm des mini-mottes ou des plants, en évitant de le « salir » avec de la terre. Il est possible de pailler après la plantation mais les petits plants et les mini-mottes risquent alors d'être piétinés.Vous pouvez étendre une

couche de paillis de bois, planter les mini-mottes et les pots puis finir avec une dernière couche pour que tout soit « propre ». Le paillis peut aussi être remplacé par des graviers, de l'agrégat ou du sable.

Votre site est débarrassé des mauvaises herbes, égalisé, retourné et paillé, vous êtes prêt à planter votre prairie.

Le nivellement est à la fois un art et une science. Mal réalisé, il peut entraîner la formation d'endroits mouillés et d'endroits secs et ultérieurement poser des problèmes.

L'espacement n'est pas une science exacte. Si vous devez ajouter beaucoup de vivaces à fleurs entre les graminées, celles-ci devront être plus largement espacées.

Espacement des plantes

Espacer les plantes n'est pas une science exacte – la nature ne se soucie pas de ce genre de choses. Mais pour les jardiniers, de nombreux facteurs interviennent pour que l'espacement des plantes soit réussi. Cela dépend pour beaucoup de l'effet général désiré : espacez les plantes selon une certaine distance et vous obtiendrez un certain effet ; espacez-les davantage et le résultat sera complètement différent. Il y a des règles générales mais, dans une prairie, les règles sont là pour être détournées et la subjectivité compte beaucoup.

Pour déterminer le bon espacement, vous devez connaître à la fois vos plantes et votre site. Les plantes poussent différemment selon les sols – plus lentement dans l'argile, plus vite dans le sable. Elles sont plus courtes en haut d'une pente, plus grandes en bas ; les sols étant plus secs au sommet des pentes, vous devrez sans doute y planter les graminées plus serrées que celles vers le bas de la pente. En règle de base, sachez que si vous avez l'intention de planter des vivaces à fleurs et des bulbes entre les graminées, celles-ci auront besoin de davantage d'espace entre elles. Avec des graminées rampantes en particulier, le budget peut être un facteur décisif pour décider de l'espacement. Comme elles finiront par remplir l'espace, vous pouvez les écarter davantage et économiser ainsi de l'argent. Cependant, si le budget n'est pas un problème, vous pouvez rapprocher les plantes comme vous le sentez.

En général, les plantes devront être espacées plus ou moins, de manière proportionnelle par rapport à leur hauteur et de leur largeur. Par exemple, les plantes qui poussent jusqu'à 90 cm de haut par 1,20 m de large devront être espacées de 90 à 1,50 m. Les plantes de prairie sont habituellement disposées en quinconce – c'est-à-dire que sur la deuxième rangée, les plantes sont placées au milieu de celles de la rangée précédente. Dans la plupart des plantations de prairie, on peut tout à fait varier l'espacement et le type, car dans la nature, les prairies n'obéissent pas à des lois géométriques précises. En fait, il vaut mieux ne pas être trop précis, car les décalages ne se voient pas beaucoup. Pour que les vides soient plus rapidement comblés, les plantes devront être plus serrées mais vous devez savoir que, selon les variétés, vous aurez peut-être besoin d'éclaircir les plantations quand elles vont croître, ajoutant des coûts supplémentaires et parfois inutiles. Mais cette stratégie peut être particulièrement efficace dans des projets à grande échelle, quand le travail est programmé sur plusieurs phases. Les plantes éclaircies pendant les premières étapes de la plantation peuvent être utilisées dans les suivantes ; non seulement ce changement de place sera économique mais les plantes auront l'avantage d'avoir été cultivées sur le site.

Pour les graminées en touffes, tenez compte de la hauteur et de l'envergure finales des plantes choisies. Plantées trop serrées, elles peuvent donner une impression d'encombrement et de confusion ; trop éloignées et elles semblent massives, maladroites et perdues. Pour obtenir une plantation plus uniforme, moins bosselée, plantez les graminées en touffes plus rapprochées que leur envergure finale. Certaines espèces devront peut-être être éclaircies si elles sont plantées trop proches les unes des autres ; elles risquent de devenir envahissantes et de se déchausser. Si vous voulez avoir de la place pour des fleurs, des bulbes et des vivaces, vous devrez espacer les graminées en touffes. Mais si vous les espacez trop et ne plantez rien pour combler les vides, la nature s'en chargera, en général avec des mauvaises herbes. Pour déterminer le nombre de plantes dont vous aurez besoin en fonction d'un espacement déterminé, voyez l'encadré suivant. Souvenez-vous qu'il vaut mieux avoir un peu trop de plantes que pas assez. Le surplus peut être utile pour remplacer les échecs si nécessaire.

Programmation

Les meilleurs moments pour planter les prairies sont le printemps et l'automne. Selon la région où vous vivez, il est possible de planter en hiver ou en été mais, dans ce cas, vous devrez adapter le processus. La disponibilité des plantes peut poser un problème et c'est vrai que de nombreuses plantes poussent plus lentement sous un froid rigoureux, mais quand le printemps arrive leur croissance s'accélère et elles s'établissent bien.

Envisager de planter une prairie en été, dans la chaleur brûlante de certaines régions, est une folie. Ailleurs, on peut essayer mais cela représente malgré tout une série de défis. La disponibilité des plantes peut ici encore poser un problème mais le plus important est le dessèchement des nouvelles plantations et comment l'éviter. Si l'arrosage automatique ou manuel peut permettre de maintenir les plants humides, il devient possible de planter en été. En règle générale, rabattre le feuillage des graminées après la plantation est une bonne pratique horticole, car elle réduit la demande en eau et aide les plantes à s'établir. Même alors, un arrosage constant peut être nécessaire au début, jusqu'à ce que les racines soient bien installées. Vous devrez peut-être programmer plusieurs démarrages sur votre système d'arrosage – là encore, l'aide d'un professionnel peut être précieuse.

Le printemps et l'automne sont les meilleurs moments pour la plupart des plantations au jardin, et les prairies ne font pas exception. Au printemps, les prairies ont le temps de s'installer avant la chaleur de l'été. Les graminées sensibles au gel peuvent être plantées au printemps, lorsque les gels ne menacent plus ; elles pousseront rapidement et seront intéressantes jusqu'aux prochains gels. En automne, il reste en général assez de chaleur pour que les graminées s'enracinent et s'établissent - prêtes à résister à l'hiver et à exploser au printemps, lorsque le sol se réchauffe et que les jours rallongent. Certains spécialistes recommandent notamment de planter en automne dans les sols lourds argileux, pour que les jeunes plants puissent bien s'installer avant que le sol ne risque de se dessécher et de durcir – ce qui empêcherait les jeunes racines de s'enfoncer profondément.

Selon votre région, il est préférable de semer certains composants de la prairie en automne, après les plantations du printemps : le gros de la prairie est planté puis pousse pendant l'été et on sème en automne les graminées bouche-trous et les fleurs.

Les semis de début de printemps sont efficaces partout. Dans la partie nord, beaucoup de graminées de prairie et de fleurs sauvages sont de saison chaude et il vaut mieux semer au printemps. Même dans les régions les plus au nord, les graminées de saison fraîche se comportent mieux quand elles sont plantées au début du printemps et en automne, lorsque les températures du sol et de l'air sont plus favorables. En juin, la plupart des semis doivent être terminés. Lorsque l'automne arrive, les semis de composants de prairie de saison fraîche peuvent reprendre.

Le printemps et l'automne sont les meilleurs moments pour planter une prairie. Ce sont aussi de bonnes périodes pour ajouter les plantes complémentaires. De nombreux bulbes, par exemple, ne sont disponibles qu'en automne. Les prairies plantées en automne ne « décollent » vraiment qu'au printemps suivant.

Expédition et livraison

Quelle que soit la forme sous laquelle elles sont fournies – pots, plants à racines nues et ainsi de suite - les plantes de prairie sont expédiées de diverses manières, par camion ou dans des colis par des services de fret spécialisés. Lorsque les températures se réchauffent au printemps, de nombreuses pépinières commencent à expédier des plantes pour de bon. Tôt dans la saison, lorsque les températures sont encore relativement fraîches, les plantes peuvent supporter deux à cinq jours de voyage sans dommage. Mais lorsque le printemps vire à l'été, les plantes peuvent souffrir si elles passent trop de temps dans des boîtes sombres ou sur l'aire d'attente de quelque expéditeur anonyme. Un délai de deux jours est conseillé chaque fois que c'est possible, car les plantes risquent de souffrir si l'expédition est retardée. Renseignez-vous sur les pratiques de votre pépinière en ce qui concerne l'expédition des plantes – elles varient d'un producteur à un autre. Les jardiniers doivent savoir que les grossistes garantissent rarement les plantes. Ils partent du principe qu'ils fournissent des professionnels et en général ne garantissent qu'une chose : que les plantes livrées correspondent bien aux noms sur les étiquettes. Il est sage de déclarer tout dommage immédiatement, si les plantes n'arrivent pas en bon état.

Une fois les plantes reçues, mettez les colis dans un endroit frais, à l'ombre, et ouvrez-les immédiatement. Les graminées de prairie doivent être plantées le plus tôt possible après leur arrivée, c'est pourquoi la plantation doit être programmée au plus près du moment de la livraison. Si vous devez commander de grandes quantités de très petites plantes, il serait judicieux de prévoir une expédition, en plusieurs fois, de quantités qui pourront être plantées facilement par la main-d'œuvre disponible. C'est bien aussi de recevoir les plantes en début de semaine ; autrement s'il y a un problème imprévu de livraison, vos plantes risquent de rester dans leurs boîtes tout un week-end. Que vos plantes passent le moins de temps possible hors du sol, dans des colis, tel doit être votre objectif.

Si les plantes ne peuvent pas être plantées immédiatement, ou très rapidement après la livraison, il faut toujours les sortir des boîtes ou des emballages et les mettre en jauge c'est-à-dire exposer leur feuillage à l'air et à la lumière et recouvrir leurs racines de terre humide ou de paillis dans un endroit légèrement à l'ombre, où elles ne recevront pas trop de soleil direct. Les nouvelles pousses de graminées ou les plants à racines nues peuvent en général tenir plusieurs semaines, une fois en jauge et correctement arrosées, mais cette nouvelle étape entraîne forcément un supplément de travail et donc de coût.

Disposer les plantes

La disposition des plantes dans une prairie peut être problématique. De nombreux paysagistes préfèrent les mettre en place sur le terrain. D'autres élaborent des plans détaillés. Ces plans, souvent complexes, demandent énormément de savoir-faire pour les transposer sur le terrain. Les plantations sophistiquées et les grands espaces exigent de la coordination pour articuler les différents niveaux des graminées et des plantes de caractère de grande taille, agencer les différentes formes et les masses de plantes nécessaires à la réalisation du projet tel qu'il a été conçu. Des marques sur le sol et des petits drapeaux colorés, qui localisent les points d'irrigation, sont deux outils indispensables pour les très grandes plantations de prairie. Il est souvent plus facile de disposer et de planter une variété à la

fois, pour ne pas embrouiller les travailleurs non expérimentés, qui peuvent ne pas savoir distinguer une variété d'une autre. Un moyen d'éviter la confusion est d'aménager et de planter une petite surface, puis ensuite de la dupliquer à travers le site.

Je suis capable de visualiser ce que cela va donner sur le site. Souvent, je place et je plante d'abord les graminées de base et j'ajoute les notes particulières plus tard. La bonne stratégie de plantation consiste à ne planter d'abord que les graminées. Attendez qu'elles soient installées puis ajoutez toutes les plantes à feuilles larges et les notes fleuries ou foliaires dont vous avez besoin.

Lorsque des plantes, commandées par correspondance, arrivent, ouvrez le colis immédiatement et mettez-les dans un endroit frais, à l'ombre.

Des petits drapeaux colorés, qui signalent les points d'irrigation, peuvent permettre de placer chaque variété à l'endroit voulu. On peut aussi marquer la place des groupes et des bancs de plantes par de la peinture, du gypse ou de la chaux.

Mettre les plantes en terre

La plupart des petites plantes, en mini-mottes ou en pots de 10 cm, se plantent facilement avec un plantoir ou un transplantoir, dans tous les sols, sauf les plus lourds. Dans de l'argile lourde, une petite bêche peut être nécessaire même pour les plus petites tailles, cela permet d'avoir un sol humide plutôt que mouillé. Évitez de planter dans un sol saturé, particulièrement les sols argileux, car il peut se compacter au cours de la plantation. Évitez aussi de planter dans un sol complètement sec, cela peut ralentir le processus de plantation et assécher les petits systèmes racinaires des nouvelles plantes.

Une petite pioche pour couvre-sol est un bon outil pour planter les petites graminées. Les plantoirs pour bulbes et des petites tarières à moteur peuvent être utiles aussi.

Le paillis doit être répandu soigneusement pour éviter d'étouffer les graminées nouvellement plantées. On peut quelquefois le répandre avant, puis le repousser pour planter les mini-mottes.

Arrosez-les toujours immédiatement. Je ne confie jamais les premiers arrosages aux arroseurs automatiques mais j'arrose toujours les nouvelles plantations à la main. Un premier arrosage très soigneux supprime les poches d'air autour des fines racines des plantes nouvellement plantées.

On peut aussi planter les petits plants de graminée en utilisant une foreuse, avec une allonge de 90 à 120 cm de long et un foret de 8 à 10 cm, comme on en utilise parfois pour planter des bulbes. Bien que bruyant, ce moyen peut épargner beaucoup d'un travail qui casse le dos. Une protection pour les oreilles de celui qui la manie est indispensable.

Si vous avez répandu des copeaux d'écorce avant la plantation, repoussez-les de côté pour créer un espace net et être sûr que les jeunes plants sont bien plantés dans le sol et non juste dans la couche d'écorce en surface. Si l'écorce est répandue après la plantation, faites attention à ne pas étouffer les nouveaux plants avec. Si vous n'avez pas appliqué de fertilisant pendant la préparation du sol, répandez-le avant le paillis. Les fertilisants peuvent être appliqués après mais il faudra bien arroser, pour qu'ils puissent bien pénétrer dans le sol autour des racines. Arrosez toujours les fertilisants immédiatement après l'application pour les empêcher de brûler le feuillage ou les racines des nouvelles plantes.

Lorsque vous plantez, la couronne de la plante doit être au niveau du sol. Si vous plantez trop profondément, la plante risque de pourrir à la couronne. Trop haut, les racines exposées vont se dessécher et mourir. Bien que certaines espèces à rhizome soient à toute épreuve et réussiront à pousser même si vous les plantez la tête en bas, je ne vous conseille pas de le faire. Sur les pentes ou sous les climats chauds, on peut faire une petite cuvette au pied de chaque plant pour capter et retenir l'eau quand elle est la plus nécessaire. Plus la plante est grande, plus cela devient important – c'est une méthode à pratiquer lors de la plantation de très grandes graminées.

Maintenant que vos plantes sont en terre et arrosées, votre nouvelle prairie est sur la bonne voie.

CHAPITRE 8

ENTRETENIR UNE PRAIRIE

La plupart des prairies ou pelouses naturelles n'ont besoin que d'une à deux coupes par an, et, une fois bien établies, elles n'ont besoin que d'eau.

Cette prairie nouvellement plantée est en train de se développer. Les nouvelles plantations ne doivent pas être soumises à un stress hydrique. Jusqu'à leur complet établissement, les graminées, même celles qui sont tolérantes à la sécheresse, ont besoin d'une humidité constante.

UNE PRAIRIE NOUVELLEMENT PLANTÉE est une chose fragile. Les graminées sont des plantes extrêmement périssables jusqu'à ce qu'elles soient suffisamment enracinées dans le sol pour se débrouiller toutes seules. La vigilance dans les premières semaines après la plantation sera payante et évitera nombre de pelletées !

L'arrosage est crucial, et les prairies dans les zones de faibles précipitations sont plus difficiles à établir et à conserver que celles qui connaissent des pluies régulières. On ne peut pas laisser des jeunes plants de graminée se dessécher. Si cela arrive, même une seule fois, les résultats peuvent être désastreux. Sauf à emporter les jeunes plants avec l'eau, il est pratiquement impossible de trop arroser les nouvelles plantations de graminées, pendant les premières semaines de leur vie dans votre jardin. Si les vents desséchants sont violents, vous devez leur donner autant d'eau que nécessaire.

Parfois, dans les plantations de fin de saison ou lorsque les températures grimpent pendant ou juste après les plantations, le feuillage peut être endommagé mais les plantes elles-mêmes ne le seront pas. Si c'est le cas, le feuillage abîmé doit être coupé et un nouveau feuillage poussera du pied de la plante pour le remplacer. Un feuillage endommagé ne se rénove jamais. Si des vagues de chaleur sont à prévoir, couper le feuillage à l'avance peut aider les nouvelles plantes à résister à des conditions torrides.

Quand les nouvelles graminées commencent à émettre des racines dans le sol environnant, elles vont démarrer, acquérir plus de force et devenir capables de se débrouiller seules. Une petite secousse, exercée sur des mini-mottes nouvellement plantées, indiquera si les plantes sont bien en train de s'enraciner et de s'établir. Elles produiront très peu de nouveau feuillage pendant cette période. La plupart de leur énergie passe dans la production de racines, invisible. Le feuillage ou les pousses au-dessus du sol apparaîtront plus tard. C'est particulièrement vrai pendant les périodes très fraîches, au cours desquelles il peut y avoir peu ou pas de nouveau feuillage jusqu'à ce que les températures du sol et de l'air augmentent en même temps que croît la durée de la journée printanière.

Les graminées et les notes de saison chaude peuvent s'enraciner en automne mais sans changement apparent. Ces plantes attendent le bon moment, l'arrivée du printemps. Aucun apport d'eau ou de fertilisant ne les fera pousser de façon visible - soyez patient. Là encore, selon la région où vous habitez et le moment de l'année auquel vous plantez, les plantes à racines nues ou enracinées dans des pots s'établissent en général en 60 à 120 jours ; elles remplissent l'espace en six ou sept mois et sont belles dès la première saison. Les graines mettent plus longtemps ; les prairies uniquement ensemencées peuvent mettre deux ou trois saisons pour arriver à maturité. Des semis complémentaires, pour ajouter des notes fleuries ou foliaires, ou des bouche-trous améliorent bien en général, dès la première saison, l'aspect d'une prairie ensemencée.

La lutte contre les mauvaises herbes, la fertilisation et la tonte/coupe sont les trois piliers de l'établissement d'une prairie. Ne laissez pas les mauvaises herbes vous prendre de court, et nourrissez vos plantes de façon préventive et non réactive. Si vous voulez que les graminées se développent et se propagent, coupez-les ou tondez-les, car la tonte favorise les rejets, la production de pousses latérales. Pour la même raison qu'on supprime les fruits d'un jeune arbre, on coupe les graminées pour qu'elles deviennent plus denses et s'établissent.

L'établissement d'une prairie ensemencée peut être beaucoup plus difficile que celui de prairies plantées avec des mini-mottes ou des plants. Lorsque les plantules atteignent 8 à 10 cm de haut, il peut être quasiment impossible, pour un jardinier non expérimenté, de faire la différence entre les «bons» et les «mauvais». Au moment où un problème apparaît, il peut être trop tard pour y remédier. Les prairies nouvellement ensemencées doivent être surveillées mais on ne peut pas les forcer à faire ce qu'elles ne peuvent pas faire. C'est tout simple, il faut leur laisser le temps. Les graminées de saison fraîche poussent quand il fait frais, aussi n'espérez pas les voir émettre des tas de végétation pendant la chaleur de l'été. Soyez patient – elles recommenceront à pousser quand les températures baisseront en automne. On me demande souvent de venir voir des prairies ensemencées qui ont soi-disant « échoué », je ne peux que conseiller à mes clients d'être patients, d'attendre jusqu'à l'année suivante.

La fertilisation des prairies nouvellement ensemencées doit se faire de manière raisonnée, car les plantules sont facilement brûlées par des applications excessives de fertilisants. Il vaut mieux utiliser plus souvent des fertilisants aux formules légères que « pousser » une nouvelle prairie trop durement. Les prairies établies n'ont pas besoin d'être fertilisées : les graminées trop nourries produisent un feuillage plus sensible à la sécheresse et aux maladies.

Vous pouvez souhaiter garder certaines graminées non coupées, si leur couleur est remarquable en automne ou en hiver, comme ce vétiver (*Vetiveria zizanioides*).

(page suivante, en haut) Sur cette photo de mon ancien jardin, prise à la fin de l'hiver ou au début du printemps, les nouvelles pousses commencent juste à pointer sous le feuillage dormant. Lorsque ce feuillage est coupé, le soleil réchauffe davantage la terre et les graminées vont pousser plus rapidement encore.

(en bas) C'est ce que nous appelons la grande fauche. Vu comme ça, c'est un peu terrifiant, mais la prairie va se reconstituer presque immédiatement. C'est le bon moment pour supprimer et ajouter des « notes » fleuries ou foliaires.

La coupe des jeunes plantations de prairie, toutes les quatre à huit semaines, va les aider à s'établir. Faites attention à ne pas couper les nouvelles plantules trop court. Ne les coupez jamais à plus de la moitié de leur hauteur et jamais avant l'apparition d'un feuillage mature – en général entre 30 à 60 jours.

Éclaircir les prairies

Une fois plantée, la dynamique d'une prairie change avec le temps. Après tout la nature est organique et les décisions à prendre pour le devenir d'une prairie sont aussi en perpétuelle évolution. J'aime guetter les subtils changements qui interviennent dans une prairie, en accentuant les effets saisonniers par l'ajout de notes fleuries ou foliaires, ou en donnant plus de profondeur à la tapisserie générale grâce à de nouveaux arrière-plans. Nous devons être souples avec nos jardins, dans notre manière de jardiner et dans notre façon de concevoir un projet original. La nature va détourner les plans même les mieux élaborés, c'est inévitable : avec le temps, certaines plantes vont avoir tendance à dominer et devront être éclaircies ou supprimées si on ne veut pas qu'elles s'imposent et submergent d'autres plantes désirables. Mais c'est à vous de décider quelles sont ces plantes désirables. Au fil du temps, votre propre perception aussi va s'aiguiser ; elle va vous permettre d'apprécier des variations intéressantes et influencer vos décisions. Avec les années, votre excitation risque de faiblir mais tant qu'elle dure, laissez-la s'exprimer à travers votre programme d'entretien. Saisissez les occasions de diviser les très grandes et très vieilles plantes et créez des prairies dans d'autres endroits. Ou bien distribuez-les, répandez la joie par les plantes de prairie !

Comme tous les autres types de jardin, les prairies demandent à être entretenues pour paraître les plus belles possible et prospérer au cours des ans mais, correctement plantées, elles sont relativement faciles à entretenir. Selon leur complexité, elles peuvent exiger un entretien faible ou important – cela dépend de la manière dont elles ont été créées et de leurs composants. Aucun jardin ne reste jamais le même – les plantes prospèrent et croissent ou meurent, elles fleurissent et produisent des graines, leurs cycles de vie changent avec les saisons, au fil du temps. Pour moi, le plaisir du jardinage de prairie réside pour une part dans l'observation de ces changements. J'ai toujours eu l'impression que les plus beaux jardins prairies étaient un peu comme Mickey Mouse, l'apprenti sorcier dans *Fantasia* – nous ne contrôlons jamais complètement la situation. La nature et le temps règnent dans la prairie. De terribles gels, des vagues de chaleur, des orages, une météo déchaînée, des inondations, des sécheresses, associés à des insectes, à la fois des bons et des méchants, tous affecteront la croissance de votre prairie.

Couper les prairies

Dans la nature, la plupart des écosystèmes de graminées sont ou broutés par des animaux ou brûlés. Dans nos jardins, la coupe ou la tonte sont utilisées pour imiter ces processus. Nous savons que les prairies doivent être coupées pour rester en bonne santé. La plupart des graminées de prairie doivent être rabattues au moins une fois par an, et les prairies de hautes graminées bénéficient particulièrement d'une coupe annuelle.

Le moment exact de la coupe varie selon les graminées que vous avez plantées et les notes fleuries ou foliaires que vous avez ajoutées à la prairie.

Il vaut mieux ne pas couper les graminées en touffes denses et celles de saison fraîche trop sévèrement la première année. Coupez-les modérément jusqu'à ce que vous sachiez ce qui convient le mieux pour votre prairie, sous votre climat.

Certains jardiniers préfèrent une pelouse « soignée » en hiver. C'est une décision plus esthétique ou stylistique qu'horticole. C'est vrai que les plantes peuvent être coupées à n'importe quel moment de l'année, mais certains préfèrent admirer la beauté hivernale de la nature dans leur prairie en dormance plutôt que voir des touffes de plantes tondues. Un autre aspect de la nature, activé par ce type de jardinage, est la colonisation de l'écosystème ainsi créé par la faune sauvage, au fil du temps. Les capsules de graines et les extrémités des feuilles laissées pendant l'automne et l'hiver non seulement me paraissent belles, à moi et à beaucoup d'autres, mais elles procurent aussi de la nourriture et des habitats à toute une faune sauvage. Dans mon propre jardin, je préfère effectuer la grande fauche à la fin de l'hiver, juste avant le printemps.

Il vaut mieux couper la plupart des prairies à la fin de l'hiver jusqu'au début du printemps, juste au moment où la nouvelle végétation est sur le point d'émerger. C'est elle qui, en commençant à pousser au pied de la touffe, vous en donne le signal. Le moment exact peut varier d'une année sur l'autre, selon les températures et le temps qu'il fait. En général, le fait de couper très tôt n'abîme pas les plantes : si les températures sont fraîches, les plantes prendront leur temps pour pousser et le pire qui puisse vous arriver, c'est de voir des plantes coupées plus longtemps que ne l'auriez aimé. Couper très tard, alors que la nouvelle végétation a en général commencé n'abîme pas les plantes non plus. Une fois rabattu, le nouveau feuillage va repartir, aussi ne vous inquiétez pas si vous avez pris du retard : la plupart des prairies ont besoin d'être coupées.

La majorité des graminées devront être coupées au moins d'un tiers à un quart de leur hauteur. Celles de saison chaude doivent, pour la plupart, être coupées aussi près du sol que vous le pourrez, mais celles de saison fraîche ne supportent pas d'être coupées très court, il ne faut donc pas se tromper sur qui est qui. Les graminées en touffes denses sont également sensibles, ne les coupez pas non plus trop près du sol.

De nombreuses graminées de saison fraîche peuvent être coupées pendant la saison de végétation. Vous pouvez avoir envie de supprimer les épis floraux fanés. Le faire ou pas est de votre ressort ; cela n'affectera pas la santé des plantes. Couper des graminées de saison fraîche une deuxième ou même une troisième fois produit souvent une poussée de nouveau feuillage, qui permet aux plantes de rester plus belles plus longtemps en hiver. Les prairies sophistiquées sont pensées pour s'accommoder de la tonte ou de la coupe des graminées. Grâce à une coordination attentive des plantes, le moment où la prairie est courte peut être réduit au minimum. Par exemple, les bulbes de début de printemps peuvent être utilisés pour apporter de l'intérêt et de la couleur lorsque les graminées repoussent après une fauche en début de saison. Lorsque la saison des bulbes est terminée, les graminées émergent et recouvrent les feuillages vieillis des bulbes. Les plantes qui refleurissent après avoir été coupées sont de bons éléments pour une prairie. Évidemment, plus vous y ajouterez différentes sortes de fleurs et de plantes, plus vous aurez de fleurs à couper en même temps que les graminées. Habituellement, la coupe est bénéfique pour les plantes à fleurs aussi, coupez-les et faites-en des bouquets pour la maison.

Après la tonte, vous allez vous retrouver avec le feuillage coupé. Certains jardiniers préfèrent laisser une couche de chaumes coupés entre les touffes de graminées. Avec le temps, ils se décomposent et redonnent des nutriments au sol. Comme le paillis, ils

conservent l'humidité et découragent les mauvaises herbes. Chacun décidera soit de les laisser sur le sol, soit de nettoyer complètement le site et d'utiliser un autre type de paillis plus décoratif. Il y a souvent des graines de graminées et d'autres plantes dans les chaumes coupés et, en les répandant, on répand aussi les graines. Selon vos objectifs, ce peut être une bonne ou une mauvaise chose et bien sûr tout choix a ses conséquences écologiques ; mais « l'aspect naturel » d'une personne peut être un « aspect négligé » pour une autre ! Essayez de choisir un style qui convienne à la fois à vous et à la planète. Les chaumes coupés peuvent être transformés en objet d'art et appréciés comme tels. Essayez de tresser les graminées ou de disposer les chaumes selon des motifs. Je connais quelques jardiniers espiègles qui pulvérisent de la peinture sur les touffes de graminée dormantes, les colorent de façon violente et les considèrent comme de l'art. Amusez-vous !

Les prairies peuvent être coupées de différentes manières, selon leur taille et ce qui les compose. Les cisailles à haie et les échenilloirs sont efficaces pour rabattre la plupart des petites prairies. C'est vrai que ça peut être un travail fatigant, mais vous n'aurez à le faire qu'une ou deux fois par an. De nombreuses graminées ont beaucoup de silice dans leurs tiges, qui émousse les outils tranchants à une vitesse incroyable. Gardez vos outils vraiment très aiguisés car des outils émoussés ne permettent pas de faire des coupes nettes. Vous mettre à quatre pattes est une très bonne manière de connaître votre prairie de près. Pendant que vous la coupez, vous pouvez contempler des changements mineurs ou des nouvelles venues.

Des outils à moteur sont indispensables pour de très grandes surfaces. Débroussailleuses, tondeuses et taille-haies à moteur peuvent réduire le travail sur de grandes plantations. Les taille-haies à fil ne sont pas efficaces pour couper des grandes graminées et une débroussailleuse (en plastique ou en métal) peut être utilisée. Certaines tondeuses sont spécialement fabriquées pour tondre de hautes graminées et ont des roues que l'on peut relever pour pratiquer une tonte haute.

(à gauche) Dans cette prairie, on a laissé sur place une couche de chaumes coupés pour servir de paillis.

(à droite) Ces touffes de vétiver (*Vetiveria zizanioides*) ont été liées pour créer des effets en hiver. Les graminées sont magiques en cette saison – c'est une honte de les couper trop tôt. J'ai eu des amis jardiniers qui vaporisaient de la peinture sur des graminées dormantes. Pourquoi pas ? Amusez-vous, faites de l'art !

Les cisailles à haies sont parfaites pour couper les petites graminées entre des dalles.

(page suivante, en haut) Pour les plus grandes graminées ou de très grandes surfaces, un taille-haie à moteur est ce qu'il y a de mieux. Vous pouvez aussi utiliser une débroussailleuse à lame ou une tondeuse spéciale pour couvre-sols ou mauvaises herbes.

(en bas) Une fois les graminées établies, il est préférable d'arroser peu souvent mais en profondeur pour que les prairies restent en bonne santé et conservent l'eau.

C'est le bon moment – après avoir coupé votre prairie – pour opérer des changements et ajouter de nouvelles plantes. Vous pouvez bien les surveiller et leur donner l'attention supplémentaire dont elles ont besoin pour s'établir.

Arroser les prairies

L'irrigation est nécessaire pour beaucoup de prairies. Une fois établies, elles prospéreront avec un arrosage hebdomadaire pendant la période la plus chaude de l'été – un régime que peu de pelouses peuvent égaler. En périodes de sécheresse, la prairie risque de devenir brune et dormante ; un arrosage supplémentaire peut être nécessaire pour la « reverdir ». L'astuce est d'obtenir le plus de vert possible pour le moins d'eau possible.

Sous les climats où il pleut l'été, les prairies peuvent ne pas avoir besoin d'eau supplémentaire mais dans les régions avec peu ou pas de pluie en été, un peu d'arrosage est nécessaire pour que les graminées restent vertes et ne soient pas inflammables. À moins de pousser dans un sol constamment humide, aucune graminée ne reste verte toute l'année sans un apport d'eau ou sans recevoir de pluie. Planter des graminées qui restent vertes avec peu d'eau supplémentaire est meilleur pour l'environnement et plus intelligent sur le plan économique, car la disponibilité en eau et ses coûts sont un problème croissant.

L'eau peut être apportée par goutte-à-goutte ou par arrosage. Les hautes graminées peuvent interrompre les jets des arroseurs, c'est pourquoi les têtes de ceux-ci doivent être rehaussées au fur et à mesure que la saison avance. Pour les grandes surfaces, ils doivent être positionnés de telle sorte que la courbe de leur jet passe par-dessus les hautes graminées. Il est préférable de travailler avec des spécialistes au moment de la conception du système d'arrosage ; un professionnel saura ce qui convient à votre sol. L'irrigation au goutte-à-goutte est efficace mais peut poser des problèmes si vous décidez plus tard d'introduire de nouvelles plantes. Il est facile de perdre la trace des tuyaux et s'ils sont coupés, il vaut mieux les faire réparer par un professionnel.

Quelle que soit son mode d'application, l'arrosage devra être minutieux et profond, pour favoriser un enracinement en profondeur et la tolérance à la sécheresse. Apportez toujours l'eau à une vitesse que le sol peut absorber.

À mon avis, l'entretien d'une prairie implique d'observer ce qui se passe et d'y réagir. Intérieurement, je me dis quelque chose comme : « J'ai planté cette laîche ici et maintenant, elle apparaît là. Bien, ce n'est peut-être pas une mauvaise chose – si elle apparaît là c'est sans doute pour une raison précise. » Vous placez les plantes où vous voulez qu'elles soient et elles finissent par être là où elles le veulent, c'est systématique. Là réside la fascination qu'exerce la prairie, une fascination sans fin.

Jardiner dans une prairie relève plus de l'accompagnement de processus que de leur maîtrise. Alors que certains de ses composants prospèrent, d'autres dépérissent. Ces modifications subtiles peuvent être passagères – ici cette année, ailleurs l'année suivante – ou permanentes, par exemple une espèce qui prend le dessus et devient prédominante dans la prairie. C'est bien d'apprendre sur le terrain en pratiquant. Si vous apprenez à « lire » votre prairie, jardiner deviendra une source de joie et d'inspiration constante.

INDEX

C

D

E

F

G

H

I

J

R

S

Adaptation de maquette réalisée par Cédric Cailhol Infographiste
Fabrication : Karima Chabaud

Achevé d'imprimer en mars 2011 par EBS à Vérone
Dépôt légal : mai 2011
ISBN : 978-2-8126-0217-7

Imprimé en Italie